원불교 입문서

서문 성 지음

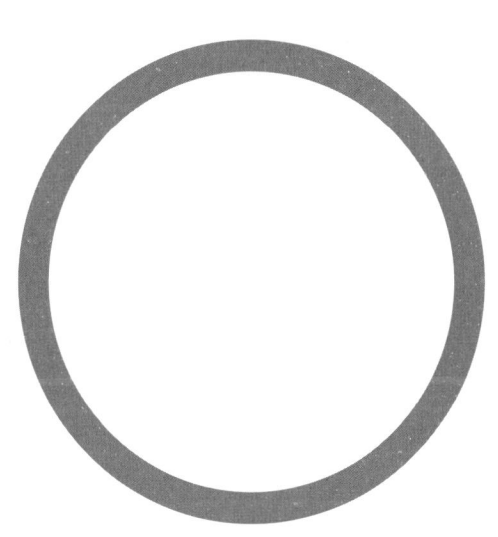

원불교 교조 소태산 박중빈 대종사(1891~1943)

글머리

여기 또 한 권의 『원불교 입문서』를 선보입니다. 원불교를 이해하는데 있어서 누구나 쉽고 편하게 접할 수 있도록 기초부터 전반적인 내용을 다루었습니다.

원불교를 처음 접하는 분들에게서 '원불교는 어렵다.'고 하는 말을 가끔 접합니다. 또한 기존의 교도님들로부터도 '어렵다.'는 같은 말을 듣기도 합니다. 정말 어려워서 어렵다고 하는 경우가 있을 것이고, 안내해 주는 분의 설명이 어려워서도, 쉽게 되어 있는 원불교 안내서를 것을 접할 수 없어서 그럴 수도 있습니다. 그러나 원불교에 대하여 기초부터 체계적으로 알아가면 원불교 공부가 쉽고 재미있다는 것을 느낄 수 있을 것입니다.

원불교는 불교나 기독교와 달리 역사가 오래되지 않아 아직 문화가 이 땅에 정착되지 못한 점이 있습니다. 그리하여 '당신은 종교가 무엇입니까?' 하는 질문을 받았을 때 '불교나 기독교에 다닙니다'라고 하면 '그렇습니까?' 하고 바로 수긍하지만 '원불교에 다닙니다.'라고 하면 재차 '원불교가 무엇입니까? 불교의 한 종파입니까?'하는 등의 질문이 따라붙습니다.

필자는 원불교가 '어떠한 종교인가?' 하는 물음 내지는 궁금함을 가질 수 있다는 것은 원불교와 인연이 깊은 분이라는 것과 기존의 교도님들에게는 교법을 전할 수 있는 좋은 기회라고 생각합니다. 이번 『원불교 입문서』가 이 물음에 조금이나마 답이 되고, 전함에 기초가 되기를 희망합니다.

원불교와 인연되는 모든 분들에게 은혜와 감사가 가득하기를 염원합니다.

원기 101(2016)년 봄날에
서문 성

목차

글머리 · · · · · · · · · · · · · · · · 07

제1부 원불교 기초

I. 원불교

1. 원불교란 · · · · · · · · · · · · · 15
2. 원불교의 교명 · · · · · · · · · · 16
3. 원불교 교조 소태산 대종사 · · · · · · · 18
4. 원불교 개교의 동기 · · · · · · · · · · 19
5. 교리도 · · · · · · · · · · · · · 21
6. 원불교와 불교의 관계 · · · · · · · · · 23
7. 은혜사상 · · · · · · · · · · · · · 26
8. 원불교 표어 · · · · · · · · · · · · 28

II. 일원상

1. 일원상 · · · · · · · · · · · · · 30
2. 일원상의 신앙 · · · · · · · · · · · 33
3. 일원상의 수행 · · · · · · · · · · · 35
4. 일원상서원문 · · · · · · · · · · · 37
5. 일상수행의 요법 · · · · · · · · · · 39
6. 소태산 대종사의 게송 · · · · · · · · · 42

제1부 원불교 기초

Ⅲ. 원불교 기초이해

1. 교도의 권리와 의무 · · · · · · · · · 45
2. 기념일 · · · · · · · · · · · · · · · · 49
3. 기초예절 · · · · · · · · · · · · · · 52
4. 법회 · · · · · · · · · · · · · · · · · 57
5. 천도재 · · · · · · · · · · · · · · · 65
6. 심고와 기도 · · · · · · · · · · · · 67
7. 염불 · · · · · · · · · · · · · · · · · 70
8. 좌선 · · · · · · · · · · · · · · · · · 72
9. 계문 · · · · · · · · · · · · · · · · · 75
10. 솔성요론 · · · · · · · · · · · · · 79
11. 염송문 · · · · · · · · · · · · · · 83

Ⅳ. 원불교 교서

1. 원불교 교전 · · · · · · · · · · · · 91
2. 불조요경 · · · · · · · · · · · · · · 93
3. 원불교 예전 · · · · · · · · · · · · 96
4. 정산종사 법어 · · · · · · · · · · · 97
5. 원불교 교사 · · · · · · · · · · · · 99
6. 원불교 교헌 · · · · · · · · · · · · 99
7. 원불교 성가 · · · · · · · · · · · 100
8. 대산종사 법어 · · · · · · · · · · 100

V. 원불교 기초용어

1. 교단·교당용어 · · · · · · · · · · · · 102
2. 의식 용어 · · · · · · · · · · · · · · · 107
3. 교리 용어 · · · · · · · · · · · · · · · 113

VI. 원불교 성지

1. 영산성지 · · · · · · · · · · · · · · · 124
2. 변산성지 · · · · · · · · · · · · · · · 126
3. 익산성지 · · · · · · · · · · · · · · · 127
4. 만덕산성지 · · · · · · · · · · · · · · 129
5. 성주성지 · · · · · · · · · · · · · · · 130

제2부 원불교 초기교단의 인물

I. 소태산 대종사와 후계 종법사

1. 소태산 박중빈 대종사 · · · · · · · · 135
2. 정산 송규 종사 · · · · · · · · · · · 161
3. 대산 김대거 종사 · · · · · · · · · · 181
4. 좌산 이광정 종사 · · · · · · · · · · 190
5. 경산 장응철 종법사 · · · · · · · · · 194

제2부 원불교 초기교단의 인물

Ⅱ. 회상 창립의 표준제자

1. 일산 이재철 종사 · · · · · · · · · · 198
2. 이산 이순순 종사 · · · · · · · · · · 200
3. 삼산 김기천 종사 · · · · · · · · · · 202
4. 사산 오창건 종사 · · · · · · · · · 205
5. 오산 박세철 종사 · · · · · · · · · 207
6. 육산 박동국 종사 · · · · · · · · · 209
7. 칠산 유건 종사 · · · · · · · · · · · 211
8. 팔산 김광선 종사 · · · · · · · · · 213

Ⅲ. 최초의 여자수위단원

1. 일타원 박사시화 대봉도 · · · · · · · · 217
2. 이타원 장적조 대봉도 · · · · · · · · 219
3. 삼타원 최도화 대호법 · · · · · · · · 221
4. 사타원 이원화 종사 · · · · · · · 224
5. 오타원 이청춘 대봉도 · · · · · · · · 226
6. 육타원 이동진화 종사 · · · · · · · 228
7. 칠타원 정세월 정사 · · · · · · · · · 231
8. 팔타원 황정신행 종사 · · · · · · · 233
9. 구타원 이공주 종사 · · · · · · · · 235
부(附) 십타원 양하운 종사 · · · · · · · · 237

제1부
원불교 기초

I. 원불교

1. 원불교란

　원불교(圓佛敎)는 1916년(원기 원년) 4월 28일, 소태산 박중빈 대종사(이하 소태산 대종사라 칭함, 1891~1943)가 큰 깨달음[大覺]을 얻은 후 전라남도 영광에서 문을 연 종교이다.

　소태산 대종사는 20여 년간의 구도고행을 통해 깨달음을 얻은 후 궁극적인 진리를 일원상[○]으로 표현하였으며, 인류와 세계의 미래가 물질문명의 발달과 풍요로 인하여 오히려 인간의 정신이 쇠약해지고 물질의 노예생활을 면치 못하게 될 것을 예견하였다. 그리하여 물질 만능으로 한없는 고통에 빠져들 인류를 구원하기 위하여 종교의 문을 열고 법을 폈다.

소태산 대종사는 깨달은 진리의 상징을 하나의 둥근 원[○]으로 표현하였고, 그 일원상을 신앙의 대상과 수행의 표본으로 삼았다.

원불교는 전통사상의 맥을 이으며 불법(佛法, 부처가 가르친 교법)을 주체삼은 새로운 종교로 진리적 종교의 신앙과 사실적 도덕의 훈련으로써 파란고해(波瀾苦海, 인생을 살아가는데 있어서 온갖 역경 난경과 고통)의 모든 생령을 광대 무량한 낙원으로 인도하는 것을 목적으로 하는 종교이다.

2. 원불교의 교명

원불교의 교명(敎名)은 한자로 둥글 원(圓), 깨달을 불·부처 불(佛), 가르칠 교(敎) 즉 '원불교(圓佛敎)'라 쓴다.

원불교의 '원(圓)'은 소태산 대종사가 깨달은 진리의 이름으로 이 세상 모든 것의 근본이고, 진리를 깨달은 성자들의 마음이며, 진리를 깨닫지 못한 중생들의 본래 마음을 뜻한다. 원불교의 '불(佛)'은 깨닫는다, 마음이라는 의미이다. 여기에서 깨닫는다는 것은 일[事]과 이치[理]를 통하여 걸림 없이 안다는 것을 뜻한다. 원불교의 '교(敎)'는 진리의 세계로 인도하고 진리의 세계를 가르치는 것을 의미한다.

때문에 '원', '불', '교'를 합한 의미는 소태산 대종사가 깨달은 진리(일원[○])를 깨치도록 가르치고 인도하는 종교의 모임체 내지는 장소를 '원불교(圓佛敎)'라고 한다.

정산 송규 종사는 교명을 '원불교'라 선포하고 교명의 뜻을 (『정산종사 법어』 경륜편 1장) 설명하였다.

"원(圓)은 만법(萬法)의 근원인 동시에 또한 만법의 실재인지라. 모든 교법이 원 이외에는 다시 한 법도 없을 것이며, 불(佛)은 곧 깨닫는다는 말이요 마음이라는 뜻이니, 원의 진리가 아무리 원만하여 만법을 다 포함한다 할지라도 깨닫는 마음이 없으면 이는 다만 빈 이치에 불과한 것이다. 그러므로 '원(圓)과 불(佛)' 두 글자는 원래 둘이 아닌 하나의 진리로서 서로 떠나지 못할 관계가 있는 것이다."

| 새겨보는 문제 |

(가) 원불교의 '원(圓)'은 소태산 대종사가 깨달은 □□의 이름이다.
(나) 원불교의 '불(佛)'은 □□는다, □□이라는 의미이다.
(다) 원불교의 의미는 소태산 □□□가 깨달은 진리를 □□도록 가르치고 □□하는 종교라는 뜻이다.

3. 원불교 교조 소태산 대종사

원불교(圓佛敎)를 창건한 교조(敎祖)를 보통 '소태산 대종사'라 부른다.

소태산 대종사의 성은 박(朴)씨요 어릴 적 이름은 진섭(鎭燮)이며 깨달음을 얻은 후 스스로 이름을 중빈(重彬, 부처의 지혜광명을 거듭 빛낸다)이라 썼다. 소태산(少太山)은 스스로 쓴 호[自號]이다. 소태산 대종사 열반 후 정산 종사는 소태산 대종사께 원각성존(圓覺聖尊)이라는 존호(尊號, 높여 부르는 칭호)를 올렸다.

대다수의 원불교 교도들은 '대종사(大宗師)'라는 존칭을 주로 부른다. '대종사'란 이 세상 모든 생령들의 가장 큰 스승이라는 의미이다.

소태산 대종사는 전라남도 영광에서 태어나 20여 년의 구도 끝에 26세 되던 1916년 큰 깨달음[大覺]을 얻은 후 원불교의 교문을 열고 회상 건설의 준비로 제자들과 영산(영광 길룡리) 앞바다를 막고, 하늘에 기도를 올려 원불교를 진리계(법계)로부터 인증을 받았다.

그후 원기 4(1919)년 전라북도 변산으로 들어가 봉래정사에서 교법의 강령인 사은사요와 삼학팔조를 제정 발표하고 회상 공개를 준비하였다.

원기 9(1924)년 익산에서 불법연구회 창립총회를 열어 회상을 공개하고 총부를 건설한 후 일제의 탄압 속에서 교화·교육·자선·산업의 기관을 설치하고, 제자들을 훈련으로 지도하며 법을 전하다가 원기 28(1943)년, 53세로 열반하였다.

| 새겨보는 문제 |

(가) 소태산 대종사는 깨달음을 얻은 후 이름을 □□이라 썼으며, 정산 종사가 올린 존호는 원□성□이다.
(나) 소태산 대종사는 □□세 되던 1916년 큰 깨달음을 얻은 후 원불교의 □□을 열었다.
(다) 소태산 대종사는 봉래정사에서 사은□□와 □□팔조를 제정 발표하고, 익산에서 법을 전하다가 1943년 □□하였다.

4. 원불교 개교의 동기

현대를 일러 물질 만능 시대라 하듯, 인간이 발명해 낸 각종 물질문명의 성과는 불과 100여 년 전의 사람들이 상상할 수 없었을 만큼 발전하여 인간의 많은 일을 기계가 처리해 가고 있다. 그러나 인간은 스스로 만들어낸 기계에 얽매여 사는 결과를 가져오게 되었고, 전쟁무기의 발달로 인해 인류의 불안은 더욱 커가고 있으며, 산업화에 따른 자연환경의 훼손과 공해문제는 인간의 생존까지 위험을 느끼게 하고 있다.

소태산 대종사는 깨달음을 얻은 후 미래사회를 예견하고 모든 인간이 정신의 주체(主體)를 확립해야 한다는 시대적 사명감으로 쇠약해가는 인류의 정신구원(精神救援)을 위해 '물질이 개벽(開闢)되니 정신을 개벽(開闢)하자.'는 기치 아래 원불교의 교문을 열었다.

소태산 대종사는 원불교 교문을 열게 된 동기(『정전』제1 총서편)를 다음과 같이 밝히고 있다.

> "현하 과학의 문명이 발달됨에 따라 물질을 사용하여야 할 사람의 정신은 점점 쇠약하고, 사람이 사용하여야 할 물질의 세력은 날로 융성하여, 쇠약한 그 정신을 항복 받아 물질의 지배를 받게 하므로, 모든 사람이 도리어 저 물질의 노예생활을 면하지 못하게 되었으니, 그 생활에 어찌 파란 고해(波瀾苦海)가 없으리오. 그러므로 진리적 종교의 신앙과 사실적 도덕의 훈련으로써 정신의 세력을 확장하고, 물질의 세력을 항복 받아 파란 고해의 일체 생령을 광대

무량한 낙원으로 인도하려 함이 그 동기니라."

| 새겨보는 문제 |

㈎ 인류의 □□구원을 위해 '물질이 □□되니 정신을 개벽하자.'는 기치 아래 원불교의 교문을 열었다.
㈏ 정신세력을 확장하는 방법은 진리적 종교의 □□과 사실적 □□의 훈련이다.

5. 교리도

 소태산 대종사는 원불교의 기본교리의 핵심을 배우기 쉽고 실천하기 쉽게 간단한 도식(圖式, 일정한 양식으로 나타낸 그림이나 양식)으로 일목요연하게 그려 교리도(敎理圖)로 표현하였다.
 몇 번의 변천과정을 거쳐 완성된 교리도는 원기 47(1962)년에 발행한 현행『원불교 교전』에 나타나 있다.
 소태산 대종사는 원기 28(1943)년 1월에 교리도를 완성하고 "참 좋다. 꼭 거북이 같이 생겼다. 오래오래 전해 갈 만고(萬古)의 대법(大法)이다. 내 법의 진수가 모두 여기에 들어있다. 이대로만 수행한다면 빈부귀천·유무식·남녀노소를 막론하고 성불

(成佛) 못 할 사람이 없을 것이다."고 하였다.

교리도를 거북 모양으로 구성한 것은 거북이 기린·봉황·용과 함께 신령스런 동물인 것처럼 원불교의 교법이 거북이처럼 신령스럽게 한없는 세월 동안 전해 갈 것이라는 것이다.

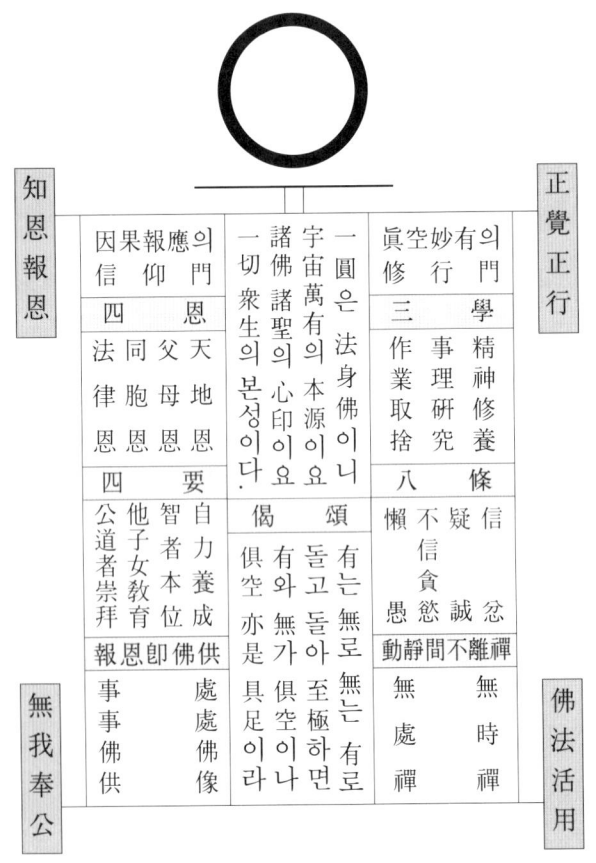

| 새겨보는 문제 |

㈎ 소태산 대종사는 원기 28년 교리도를 그려 놓고 "꼭 □□이 같이 생겼다."고 하였다.
㈏ 교리도는 원불교의 기본 □□를 배우기 쉽게 간단한 □□으로 일목요연하게 그려 표현한 것이다.

6. 원불교와 불교의 관계

1) 원불교는 새로운 불교이다

소태산 대종사는 큰 깨달음[大覺]을 얻은 후 "만유(萬有)가 한 체성(體性)이며 만법(萬法)이 한 근원이로다. 이 가운데 생멸 없는 도(道)와 인과 보응되는 이치(理致)가 서로 바탕하여 한 두렷한 기틀을 지었도다(『대종경』 서품 1장)."라고 밝혔다.

소태산 대종사는 대각 후, 여러 종교의 경전을 두루 열람하고 모든 성현이 깨달은 진리는 본래 하나이나 그 표현과 진리에 이르는 방법이 서로 다를 수 있음을 제시하였다. 그중에서도 불교의 금강경(金剛經)을 보고 석가모니불은 성인 중의 성인[聖中聖]이라 하였다. 그후 불교의 다른 경전들까지 본 후 "불법(佛法)은 천하의 큰 도[無上大道]라 참된 성품의 원리를 밝히고 생사의 큰일을 해결하며 인과의 이치를 드러내고 수행의 길을 갖추어서 모든 교법에 뛰어난 바 있다(『대종경』 서품 3장).”고 하며, 연원(淵源, 근원)을 석가모니불에게 정하고 “장차 회상(會上)을 열 때도 불법으로 주체를 삼아 완전무결한 큰 회상을 이 세상에 건설하리라.”고 하였다. 그리하여 부처님 오신 날(음 4.8)을 교단 경축일의 하나로 지정하여 기쁘게 축하하며, 교리·신앙·수행 등 여러 분야에서 불법에 연원하고 있다.

또한 『원불교 교헌』에는 “본교는 석가모니불을 연원불(淵源佛, 근원이 된 부처)로 한다.”고 하였으며, 소태산 대종사는 “이제는 우리가 배울 바도 부처님의 도덕이요, 후진을 가르칠 바도 부처님의 도덕이니(『대종경』 서품 15장),”라고 하여 원불교가 불법에 연원을 정한 새로운 불교임을 밝혔다.

소태산 대종사는 원불교의 교리와 제도를 다음 세 가지 맥락으로 형성하여 새 종교 운동을 하였다.

첫째는 새롭게 돌아오는 세상의 인지에 맞도록 전통불교나 타 종교와는 다른 법과 제도를 창조하였다.

둘째는 낡은 법이나 새 시대의 흐름에 맞지 않는 법과 제도를 혁신 개조하여 시대와 생활과 대중에게 맞게 개혁하였다.

셋째는 미래 세상에 알맞은 법은 이어받아 그 의지를 더욱 천명(闡明, 드러내어 밝힘)하여 활용하도록 하였다.

2) 원불교는 새로운 종교이다

원불교의 교조는 소태산 대종사이고, 신앙의 대상은 소태산 대종사가 깨달은 일원상(一圓相)이며, 경전은 소태산 대종사가 밝힌 『원불교 교전』이다.

원불교는 소태산 대종사가 깨달음을 얻은 후 교문을 연 종교로 전통불교의 특정한 경전이나 특정 교조의 가르침만을 내세워 건립한 종교가 아니라 오히려 전체 불교의 정수(精髓)와 모든 종교의 교리를 통합 활용하여 새로운 체계를 확립하였다.

소태산 대종사는 과거에는 유교·불교·도교가 각각 그 분야의 교화를 주로 하여 왔지만, 앞으로는 그 일부만 가지고는 세상을 널리 구원하지 못할 것이므로 이 모든 교리를 일원화(一圓化)하여 통합 활용하였다. 따라서 원불교는 불교 뿐 아니라 모든 종교와 소통하고 모든 종교의 종지(宗旨, 근본과 중심이 되는 교의의 취지)를 긴밀한 관계 속에 포용하고 있다.

다시 말해, 원불교는 소태산 대종사를 교조로 하여 불법에 연원하되 일원상을 신앙의 대상과 수행의 표본으로 하여 독자적인 교리와 신앙체계, 의식체계 그리고 독립된 교단을 가진 새로운 종교이다.

| 새겨보는 문제 |

(가) 소태산 대종사가 □□경을 보고, 석가모니불을 성인 중의 □□이라 하였다.
(나) 소태산 대종사는 교리와 제도를 □□하였고, 시대와 생활과 대중에 맞게 □□하였다.
(다) 원불교는 □□에 연원하되 일원상을 □□의 대상과 수행의 표본으로 한 새로운 □□이다.

7. 은혜사상

소태산 대종사는 모든 중생이 원망의 늪에서 벗어나 감사의 세계에 편안히 살도록 은혜(恩惠)의 사상을 천명하였으며, 고해에서 헤매는 중생을 광대 무량한 낙원에 머물러 살게 하려고 은혜[恩]의 사상을 제창하였다.

소태산 대종사가 은혜의 사상을 내놓은 이유는 첫째, 진리 자체가 은(恩)으로 구성되어 있기 때문이다.

은이라 하는 이유는 은이 모든 생물의 생존 근거가 되고, 서로를 살리고 조화를 이루는 관계[相生相和]의 바탕이 되며, 우주 생성 발전의 원리가 되기 때문이다. 생물의 생존 근거라 하는 것은 '없어서는 살 수 없다.'는 뜻이며, 상생상화의 바탕이 된다는 것은 '우주의 모든 것이 나의 생존과 관계에서 직접과 간접으로 서로를 돕고 있다.'는 의미이다.

둘째는 세상이 원망의 병에 걸려 있기 때문이다.

소태산 대종사가 "개인·가정·사회·국가가 서로 자기의 잘못은 알지 못하고 저편의 잘못만 살피며, 남에게 은혜 입은 것은 알지 못하고 나의 은혜 입힌 것만을 생각하여, 서로서로 미워하고 원망함으로써 크고 작은 싸움이 그칠 날이 없나니, 이것이 곧 큰 병이며(『대종경』 교의품 34장)"라고 한 것은 바로 원망의 병을 지적한 내용이다.

은혜는 나와의 관계에서 직접 간접으로 없어서는 살 수 없는 관계이기 때문에 모든 것을 향한 자세는 감사와 보은(報恩, 은혜를 갚는 행위)이어야 한다.

소태산 대종사는 인간이 생활하여 가는 데 없어서는 안 될 네 가지 큰 은혜를 사은(四恩)이라 하였다. 사은은 천지은(天地恩)·부모은(父母恩)·동포은(同胞恩)·법률은(法律恩)으로 진리인 일원(一圓)을 크게 네 가지로 분류한 것이다.

내가 생존한다는 것은 천지가 있기에 형체를 보전하는 것이요, 부모가 있기에 태어난 것이며, 동포가 있기에 생(生)을 보전하는 것이며, 법률이 있기에 안녕질서를 유지하고 살 수 있다.

| 새겨보는 문제 |

(가) 사은은 천지은(□□恩)·□□은(父母恩)·동포은(同胞恩)·□□은(法律恩)이다.
(나) 소태산 대종사는 사은에 대하여 '없어서는 □ 수 □□ 관계'라 하였다.

8. 원불교 표어

표어(標語)란 주의·주장·강령 등을 간결하고 명료하게 나타낸 짧은 어구(語句)이다. 원불교의 사상을 단적으로 표현한 표어에는 개교(開敎)표어와 교리(敎理)표어가 있다.

개교표어는 소태산 대종사가 큰 깨달음[大覺]을 얻은 후 당시의 시국을 살펴보고 그 지도강령을 표어로 '물질이 개벽되니 정신을 개벽하자.'고 정하였다.

교리표어는 곳곳이 부처님이니 일마다 불공하자는 '처처불상 사사불공(處處佛像 事事佛供)'의 신앙표어와 끊임없는 선(禪) 공부로 언제나 정신수양·사리연구·작업취사인 삼학(三學)을 병진하는 공부인 '무시선 무처선(無時禪 無處禪)'의 수행표어가 있다. 동과 정이 한결같이 잠시도 도를 떠나지 않는 '동정일여(動靜一如)'의 공부법, 정신과 육신을 아울러 건전하고 튼튼하게 하는 '영육쌍전(靈肉雙全)'의 생활표어, 불법이 생활이요 생활이 곧 불법으로 생활과 불법을 분리해서 생각할 수 없는 '불법시생활 생활시불법(佛法是生活 生活是佛法)'인 활불(活佛, 살아있는 부처)의 진면목을 밝힌 표어로 되어있다.

| 새겨보는 문제 |

(개) 소태산 대종사가 깨달음을 얻은 후 개교표어를 '물질이 □□되니 □□을 개벽하자.'고 하였다.
(나) 곳곳이 부처님이니 일마다 불공하자는 □□불상 사사불공은 □□표어이다.
(다) 삼학을 병진하는 공부인 □□선 무처선은 □□표어이다.

Ⅱ. 일원상

1. 일원상

1) 일원상의 뜻

원불교의 최고 종지(宗旨)로서 신앙의 대상이며 수행의 표본인 일원상은 한자로 한 일(一), 둥글 원(圓), 서로 상·모양 상(相) 즉 '일원상(一圓相)'이라 쓴다.

일원상의 '일(一)'의 의미는 절대의 뜻을 가지고 있다. 진리는 둘이 아닌 하나라는 의미이다. 상대적인 것이 아니라 절대적이다. 진리의 근본이요, 모든 생명의 바탕이 바로 '일'의 의미이다.

일원상의 '원(圓)'의 의미는 시간적으로 영원하고 공간적으로 원만함을 뜻한다. 모든 것에 갖추어져 있지 않은 것이 없고 조금도 모가 나지 않았다는 것이 '원'의 의미이다.

일원상의 '상(相)'의 의미는 모양 또는 상징을 뜻한다. 곧 진리의 모습을 '상'으로 표현한 것이다.

위에서 밝힌 '일', '원', '상'을 합한 일원상의 의미는 '절대 영원하고 원만한 모습'을 뜻하는 것이다.

소태산 대종사는 눈으로 볼 수도 없고, 말로 형용할 수 없는 진리의 모습을 상징적으로 도형화할 때 하나의 둥근 모습인 ○[일원상]으로 그렸다. 때문에 일원상은 진리의 모습이며 나아가 곧 진리의 상징이다.

소태산 대종사는 이 일원상을 비유하여 '불상(佛像)이 부처님의 형체(形體)라 한다면 일원상은 부처님의 심체(心體)라.' 밝히고 '형체는 인형이라 한다면 심체는 곧 진리의 당체(當體)라(『대종경』 교의품 3장).'고 하였다. 아울러 '일원상은 진리의 상징이기 때문에 진리가 달이라고 한다면 일원상은 달을 가리키는 손가락과 같다(『대종경』 교의품 6장).'고 하였다.

2) 일원상의 표현 근거

소태산 대종사는 큰 깨달음[大覺]을 얻은 후 "만유가 한 체성이며, 만법이 한 근원이로다. 이 가운데 생멸 없는 도와 인과

보응되는 이치가 서로 바탕하여 한 두렷한 기틀을 지었도다(『대종경』 서품 1장)."라고 하였다.

이 말씀의 마지막 부분에 나와 있는 '한 두렷한 기틀' 이것은 곧 일원상을 뜻하는 것이며, 일원상의 표현 근거이다. '한 두렷한 기틀'의 '한'은 '하나'라는 '일(一)'을 뜻하고, '두렷'은 '두렷하다.'는 '원(圓)'을 뜻하며, '기틀'이란 '모양'으로 '상(相)'을 뜻한다.

원기 4(1919)년 가을, 전라북도 김제 모악산 금산사에서 일원상을 처음 그려 보였고, 원기 20(1935)년 익산총부에 대각전을 건축하고 일원상을 정식으로 봉안하여 신앙의 대상과 수행의 표본으로 삼았다.

3) 일원상의 유래

일원상의 유래에 대하여 소태산 대종사는 『불교정전』에서 다음과 같이 밝히고 있다.

> 자각 선사(慈覺禪師)께서 이르시되 '고불미생전 응연일상원(古佛未生前 凝然一相圓)'이라 하였나니, 이로써 볼진대 고불(古佛)이 나기 전에도 일원상의 진리는 엄연히 존재하였고, 고불 출세 후에도 일원상의 진리는 여여(如如)하여 시종(始終)과 고금(古今)이 없음을 가히 알지로다.

그러나 법을 가르치기 위하여 형식으로써 일원상을 그려내신 분은 육조 대사 문하의 남양 혜충 국사이시다[마조 선사도 당시(當時)에 원상을 작(作)한바 있었으나 거개가 혜충 국사로 위시라 함]. 국사가 이 일원상을 탐원 선사에게 전하시고, 탐원 선사는 다시 앙산 선사에게 전하여 일원상이 마침내 위앙종(潙仰宗)의 종요(宗要)가 되었고, 그후로 모든 선사들이 이를 많이 이용하여 선가(禪家)의 본래면목을 표상하는 한 가구(家具)가 되었느니라.

| 새겨보는 문제 |

(가) 일원상의 '일(一)'의 의미는 □□의 뜻을 가지고 있다.
(나) 일원상의 '원(圓)'에는 □□적으로 영원하고 □□적으로 원만함을 뜻한다.
(다) 일원상의 '상(相)'의 의미는 □□ 또는 □□을 뜻한다.

2. 일원상의 신앙

일반적으로 신앙(信仰)이란, '개인에 있어서 궁극적인 의미와 가치를 갖는 대상을 믿는 것'이다.

소태산 대종사는 신앙인의 자세와 신앙생활에 대하여 '어느 때 어느 곳이든지 항상 경외심(敬畏心, 공경하고 두려워하는 마음)을 놓지 않는 것'이라고 표현하였고, 신앙의 이유와 목적에 대하여 '복락(福樂)을 구하는 것(『대종경』 교의품 4장)'이라고 하였다.

'복락(福樂)을 구하는 것'의 의미는 두 가지로 나누어 생각할 수 있다. 하나는 복(福)이며, 또 하나는 낙(樂)이다. 복락은 행복과 안락을 아울러 이르는 말로 몸과 마음 간에 평안을 뜻한다.

원불교 신앙의 대상은 일원상(一圓相)이다. 일원상을 신앙하는 것은 둥그런 형상의 일원상을 신앙하는 것이 아니라 일원상의 내용을 신앙하는 것이다.

신앙의 방법은 두 가지가 있다.

하나는 진리의 당체(當體, 그 자체)를 신앙하는 것[진리불공]으로 보이지 않는 진리를 향하여 은혜에 감사하고 잘못을 참회하며 바람을 간절히 구하는 것이다. 참회하고 원하는 바를 구하는 방법으로는 심고(心告)와 기도(祈禱)가 있다. 또 하나는 보이는 대상을 향한 직접적인 행위[실지불공]를 의미한다. 이 세상의 모든 것은 진리의 화신(化身)이기 때문에 직접적인 대상을 통하여 복락을 구하고 얻자는 것이다.

원불교의 신앙은 진리신앙이며 그 방법은 진리불공과 실지불공(사실불공·당처불공)이다.

> | 새겨보는 문제 |
>
> ㈎ 신앙인의 자세와 생활은 어느 때 어느 곳이든지 항상 □□□(敬畏心)을 놓지 않는 것이다.
> ㈏ 원불교 신앙의 방법은 □□불공과 □□불공이다.

3. 일원상의 수행

일반적으로 수행(修行)은 넓은 의미의 수행과 좁은 의미의 수행으로 나눌 수 있다.

넓은 의미의 수행이란 종교적 이상을 실현하기 위하여 행하는 심신(心身)의 행위를 뜻한다. 좁은 의미의 수행이란 수행의 형태가 제시되고, 특히 심신을 단련하기 위한 마음의 진정과 의식(意識)의 집중을 목표로 한다.

원불교 수행의 의미는 위의 두 가지를 다 내포하고 있지만 두 가지로 나누어 생각하여야 한다. 그 하나는 수양이며 또 하나는 수행이다.

수양(修養)이란, 글자 그대로 '닦아 기른다.'는 뜻이므로 원불교 수양의 의미는 자신의 본래 마음 또는 우주의 근본원리를 알기 위하여 마음을 안정시키고, 마음의 때를 벗기어 마음의 주체를 확립하자는 데 주된 의미가 있다.

수행(修行)이란, '닦아 행한다.'는 뜻으로 마음의 주체 확립 단계를 넘어서 세워진 주체를 바탕으로 실생활에 활용하자는 데 그 의미가 있다. 교도가 수행하는 목적은 일원상과 같이 원만한 인격을 이루어 진리의 뜻과 같이 살아가자는 데 그 뜻이 있다.

원불교 수행의 방법은 세 가지가 있다.

첫째는 정신수양, 둘째는 사리연구, 셋째는 작업취사이다. 정신수양(精神修養)이란 정신을 안정시켜 정신의 지주를 만드는 공부이고, 사리연구(事理研究)란 일[事]과 이치[理]를 연마하고 깊이 연구하여 막힘이 없이 알게 하는 공부이며, 작업취사(作業取捨)란 안이비설신의(眼耳鼻舌身意) 여섯 기관[六根]을 원만히 사용하는 공부로 바른 것을 취(取)하고 그른 것을 버리[捨]는 공부이다.

소태산 대종사는 이 세 가지가 병행(竝行)되지 않으면 안 되도록 교리를 체계화시키고, 이것을 묶어 실생활에 그대로 활용되게 하도록 시간과 장소에 구애받지 않고 선(禪) 수행을 계속하는 무시선(無時禪) 무처선(無處禪)을 제시하여 어느 곳 어느 때나 쉼이 없이 수행할 수 있도록 하였다.

> | 새겨보는 문제 |
>
> (가) 원불교 수행의 의미 하나는 □□(修養)이며 또 하나는 수□(修□)이다.
> (나) 수행하는 목적은 □□상과 같이 원만한 □□을 이루어 진리의 뜻과 같이 살아가자는 것이다.
> (다) 원불교 수행의 방법 세 가지는 □□수양, □□연구, □□취사이다.

4. 일원상서원문

 일원상서원문(一圓相誓願文)은 원불교 교도로서 지극한 신앙과 수행을 위해 아침저녁은 물론 평상시에 염송(念誦, 마음속으로 생각하고 외우다)하는 발원문이며, 모든 의식의 독경문(讀經文)으로 사용하는 글이다.
 본문 내용은 306자의 글로 엮어졌으며 진리와 인간의 관계를 이어 주는 위대한 경문이다. 그 내용은 진리의 근원과 작용을 밝히고, 진리를 깨닫는 길을 밝히며 진리의 위력을 얻고 진리와 하나 될 것을 서원하는 과정으로 구성되어 있다.
 일원상서원문은 소태산 대종사의 영생을 통한 성불 발원문이자, 모든 중생의 성불 발원문으로 진리(일원상) 앞에 서원하는 경문이다. 이 경문을 지성으로 외우면 누구를 막론하고 진리의 무한한 은혜를 입는 것은 물론 진리와 하나 될 수 있다는 것이다. 일원상서원문(『정전』 교의편 제1장)은 다음과 같다.

> 「일원상서원문」
>
> 일원은 언어도단(言語道斷)의 입정처(入定處)이요, 유무 초월의 생사문(生死門)인 바, 천지·부모·동포·법률의 본원이요, 제불·조사·범부·중생의 성품으로 능이성 유상(能以成有常)하고 능이성 무상(無常)하여 유상으로 보면 상주불멸로 여여자연(如如自然)하여 무량세계를 전개하였고, 무상으로 보면 우주의 성·주·괴·공(成住壞空)과 만물의 생·로·병·사(生老病死)와 사생(四生)의 심신 작용을 따라 육도(六途)로 변화를 시켜 혹은 진급으로 혹은 강급으로 혹은 은생어해(恩生於害)로 혹은 해생어은(害生於恩)으로 이와 같이 무량세계를 전개하였나니, 우리 어리석은 중생은 이 법신불 일원상을 체 받아서 심신을 원만하게 수호하는 공부를 하며, 또는 사리를 원만하게 아는 공부를 하며, 또는 심신을 원만하게 사용하는 공부를 지성으로 하여 진급이 되고 은혜는 입을지언정, 강급이 되고 해독은 입지 아니하기로써 일원의 위력을 얻도록 까지 서원하고 일원의 체성(體性)에 합하도록 까지 서원함.

| 새겨보는 문제 |

㈎ 일원상서원문은 소태산 대종사의 영생을 통한 성불 □□문이자, 모든 □□들의 성불 발원문이다.
㈏ 일원상서원문은 모든 의식의 □□문으로 내용은 □□□자의 글로 되어 있다.
㈐ 일원상서원문은 일원의 □□을 얻도록 까지 서원하고, 일원의 □□에 합하도록 까지 □□하는 경문이다.

5. 일상수행의 요법

일상수행(日常修行)의 요법(要法)은 원불교 교리의 전반적인 내용을 축약하여 하루하루의 일상생활 속에서 교리를 실천하며 대조할 수 있도록 제시한 것으로 교리의 강령 9가지[敎綱九條]라고도 한다.

원불교 교도는 일상생활을 일상수행의 요법에 표준하고 매일 시시때때로 신앙과 수행을 대조하는 것이지만 예회 시간에 일상수행의 요법을 암송할 때에는 한 주일간 자신의 일상수행을 대조하는 마음으로 암송한다.

소태산 대종사는 일상수행의 요법(『정전』 교의편 제1장)을 다음과 같이 밝혔다.

「일상수행의 요법」

1) 심지(心地, 마음을 땅에 비유하는 말)는 원래 요란함이 없건마는 경계(境界, 일상생활 속에서 늘 부딪치게 되는 모든 일들)를 따라 있어지나니, 그 요란함을 없게 하는 것으로써 자성(自性)의 정(定, 경계에 부딪쳐서 정신이 흔들리지 않는 것)을 세우자.

2) 심지는 원래 어리석음이 없건마는 경계를 따라 있어지나니, 그 어리석음을 없게 하는 것으로써 자성의 혜(慧, 밝은 지혜)를 세우자.

3) 심지는 원래 그름이 없건마는 경계를 따라 있어지나니, 그 그름을 없게 하는 것으로써 자성의 계(戒, 계율)를 세우자.

4) 신(信, 믿음)과 분(忿, 분발심)과 의(疑, 알고자 함)와 성(誠, 정성심)으로써 불신(不信, 믿지 못함)과 탐욕(貪慾, 탐하는 욕심)과 나(懶, 게으름)와 우(愚, 어리석음)를 제거하자.

5) 원망생활을 감사생활로 돌리자.

6) 타력생활을 자력생활로 돌리자.

7) 배울 줄 모르는 사람을 잘 배우는 사람으로 돌리자.

8) 가르칠 줄 모르는 사람을 잘 가르치는 사람으로 돌리자.

9) 공익심(公益心) 없는 사람을 공익심 있는 사람으로 돌리자.

소태산 대종사는 일상수행의 요법을 조석(朝夕)으로 외우게 하는 이유(『대종경』수행품 1장)에 대하여 다음과 같이 밝혔다.

"그 글만 외라는 것이 아니요, 그 뜻을 새겨서 마음에 대조하라는 것이니, 대체로는 날로 한 번씩 대조하고 세밀히는 경계를 대할 때마다 잘 살피라는 것이라, 「중략」 대조하고 또 대조하여 챙기고 또 챙겨서 필경은 챙기지 아니하여도 저절로 되는 경지에까지 도달하라 함이니라."

| 새겨보는 문제 |

(개) 일상수행의 요법 1, 2, 3조는 자성(自性)의 □□□(定慧戒)를 세우는 공부법이다.
(내) 일상수행의 요법을 외우게 하는 것은 □□하고 챙겨서 챙기지 아니하여도 □□로 되게 하자는 것이다.

6. 소태산 대종사의 게송

원기 26(1941)년 1월 28일에 익산총부 선방(현 공회당)에서 소태산 대종사가 송도성에게 칠판 한 가운데 줄을 긋도록 하고 받아쓰도록 하여 오른쪽에는 게송(偈頌)을, 왼쪽에는 동정간불리선(動靜間不離禪, 동할 때나 정할 때나 항상 선수행을 하는것)을 쓰게 한 후 게송을 설하였다.

이 게송이 소태산 대종사가 제자들에게 법을 전해주는 게송[傳法偈頌]이 되었다.

게송(偈頌)
유(有)는 무(無)로 무(無)는 유(有)로
돌고 돌아 지극(至極)하면
유(有)와 무(無)가 구공(俱空)*이나
구공(俱空) 역시 구족(具足)*이라.

동정간불리선(動靜間不離禪)
육근(六根)이 무사(無事)*하면 잡념을 제거하고 일심을 양성하며
육근(六根)이 유사(有事)*하면 불의를 제거하고 정의를 양성하라.

소태산 대종사는 제자들에게 게송을 설한 후 말하였다.

"유(有)는 변하는 자리요 무(無)는 불변하는 자리나, 유라고도 할 수 없고 무라고도 할 수 없는 자리가 이 자리며, 돌고 돈다, 지극하다 하였으나 이도 또한 가르치기 위하여 강연히 표현한 말에 불과하나니, 구공이다, 구족하다를 논할 여지가 어디 있으리오. 이 자리가 곧 성품의 진체(眞體, 참 모습)이니 사량(思量, 생각하고 저울질하는 것)으로 이 자리를 알아내려고 말고 관조(觀照, 밝게 비추어 봄)로써 이 자리를 깨쳐 얻으라(『대종경』 성리품 31장)."

소태산 대종사 제자들에게 이어서 말하였다.

"그대들이 어려운 세상을 살아갈 때 동정 간에 항상 선(禪)공부를 계속하는 법은 곧 동정간불리선법이다. 우리의 육근에 일이 없을 때는 모든 잡념을 제거하고 일심을 양성하며, 육근에 일이 있을 때는 불의를 제거하고 정의를 양성하라는 것이다. 누구든지 이대로만 살아간다면 언제 어디서든 항상 선(禪)공부를 떠나지 않고 날로달로 선업을 쌓아가게 될 것이다."

* 구공(俱空) : 모두 텅 빔
* 구족(具足) : 빠짐없이 두루 갖춤
* 무사(無事) : 아무런 일이 없음
* 유사(有事) : 일이 있음

| 새겨보는 문제 |

(가) 소태산 대종사는 원기 □□년 1월에 제자들에게 게송을 설했다. 이를 □□게송이라 한다.

(나) 소태산 대종사의 게송은 '□는 무로 □는 유로 돌아 □□하면 유와 무가 구공이나 구공 역시 □□이라.'이다.

(다) 육근이 □□하면 잡념을 제거하고 일심을 양성하며 육근이 □□하면 불의를 제거하고 □□를 양성하라.

Ⅲ. 원불교 기초이해

1. 교도의 권리와 의무

원불교 교도에게는 법에 정해진바 권리와 의무가 있다.

1) 교도의 권리

원불교 교도에게는 선거와 피선거의 권리 및 교정(敎政)참여의 권리가 있다(원불교 교헌 제18조). 선거와 피선거의 권리는 원불교 제도가 재가와 출가가 구분 없이 의무와 권리가 주어지기 때문에 법의 정한 바에 합당하면 누구나 선거권이 있고, 또 피선거권이 있다. 그리고 교정참여의 권리 역시 재가출가가 모두 교단의 주인인 만큼 법의 정한 바에 따라 원불교 교정에 참여할 권리가 있다.

2) 교도의 의무

원불교 교도의 의무는 조석심고의 의무·법회출석의 의무·보은헌공의 의무·입교연원의 의무이다(원불교 교헌 제18조).

이 의무는 모두 네 가지이기 때문에 4종 의무(四種義務)라 한다.

① 조석심고의 의무

조석심고(朝夕心告)란 아침에 하루를 시작하며, 저녁에 하루를 마무리하며 삼세(三世)를 통해 자신의 정신을 열어 준 모든 부처님과 모든 성인[諸佛諸聖], 육신을 낳아 준 삼세의 부모 조상에게 감사의 마음을 갖고 문안 인사를 올리는 행위이다. 나아가서는 진리(일원상) 전에 서원과 감사의 기도를 올리는 의무를 말한다.

심고는 대체적으로 목탁 신호를 따라 두 손을 모으고(합장) 묵상으로 올린다. 심고 목탁은 먼저 세 번을 친다. 첫 번째 목탁 신호는 심고 시간을 알리는 것이며, 두 번째 목탁 신호는 심고를 올릴 장소에서 합장하고 심고 올릴 준비를 하며, 세 번째 목탁 신호에 맞추어 경례 한 후 심고에 들어가도록 한 것이다. 1~3분 정도 심고를 가진 후 첫 번째 목탁 신호에 삼세의 제불제성과 두 번째 목탁 신호에 삼세의 부모 조상에게 각각 한 번씩 경례한다.

조석심고의 시간은 대체로 아침 5시와 저녁 9시 30분에 올린다. 일원상을 모신 곳에서는 일원상을 향해서 심고를 올리고, 그 밖의 장소에서는 교당이나 일원상이 있는 방향 또는 각각 처해있는 곳에서 심고를 올린다.

② 법회출석의 의무

법회출석(法會出席)은 원불교에 입문하여 교도가 되면 빠지지 않아야하는 의무이다.

법회란 "법을 강론하며 법을 훈련하며 기타 신앙을 중심으로 하여 진행하는 법의 모임을 통칭하는 것이니,「중략」 그 회기 중에는 세간의 모든 번잡한 일을 쉬고 오직 신성한 생각과 마음으로 참례하여(『원불교 예전』 교례편),"라고 하였다.

원불교 교도는 법회에 참석하여 마음을 신성하게 가지며, 지난 일을 반조하고 법회에서 얻은 정신의 양식으로 진리의 눈을 뜨고 진리에 바탕 해서 살아가야 한다.

③ 보은헌공의 의무

보은헌공(報恩獻供)은 살아오면서 사은(四恩, 천지·부모·동포·법률)으로 부터 입은 은혜를 조금이라도 갚아 간다는 뜻과 교당의 유지와 발전을 위해서 필요한 것이다.

보은하는 방법으로는 정신적 보은, 육체적 보은, 물질적 보은의 세 가지 방법이 있다.

정신적 보은은 괴로워하는 사람이나 힘들어하는 사람이 있을 때 마음을 함께 나누며, 다른 사람을 위해 기도해 주는 것 등이다. 육체적 보은은 남을 위해 자신의 몸을 움직여 봉사하는 것이다. 물질적 보은은 자신이 가진 물건이나 돈으로 돕는 것을 말한다.

헌공은 교당 유지발전을 위한 유지비와 사은에게 입은 은혜에 감사하며 기원을 올리는 각종 기도비, 의식 기념비 등을 자신의 형편에 따라 불전(佛前, 부처님 앞이라는 말로 원불교에서는 일원상 앞을 말함)에 올린다.

보은행은 보은했다는 마음, 즉 상(相)이 없어야 참 보은행이 된다.

④ 입교연원의 의무

원불교 교도가 되려면 입교(入敎)하여 법명(法名)을 받아야 한다. 그리고 연원(淵源)이란 말은 한 사람이 어떤 사람을 원불교로 인도했을 때 안내자의 역할을 한 사람을 말한다.

원불교 교도가 입교의 연원이 되어야 하는 이유는 내가 다른 사람의 인도로 입문하게 되어 복(福)과 지혜(智慧)를 닦는 길을 알게 된 것에 대한 보은행이다. 입교연원의 의무를 행하는 것이 공덕 중 가장 크다.

4종 의무의 조석심고와 법회출석은 깨달음의 지혜(智慧)를 이루는 터를 닦는 것이고, 입교연원과 보은헌공은 깨달음의 복을 이루는 터를 마련하는 것이라 할 수 있다. 복은 부지런히 지어야 하고, 지혜는 부지런히 닦아야 한다.

| 새겨보는 문제 |

(가) 원불교 교도의 의무는 조석□□의 의무·□□출석의 의무·보은□□의 의무·□□연원의 의무이다.
(나) □□심고와 법회출석은 깨달음의 □□를 이루는 터를 닦는 것, □□연원과 보은헌공은 깨달음의 □을 이루는 터를 마련하는 것이다.

2. 기념일

원불교의 교단적 기념일에는 네 차례의 경축과 두 차례의 대재가 있다. 원불교 교도들은 경축일에 참여하여 함께 경축하고, 대재에 참여하여 향례(享禮, 예를 다하여 제사를 지냄)를 올린다.

1) 경축

원불교 교단에서 기념하는 경사스러운 날에는 신정절(新正節)·대각개교절(大覺開敎節)·석존성탄절(釋尊聖誕節)·법인절(法認節)이 있다. 이를 4대 경축절이라 한다.

① 신정절

1월 1일에 진리 전과 스승과 윗사람에게 세배를 올리고, 동지 간에 서로 인사를 교환하며, 과거 1년을 결산하고 새해 계획을 세우는 동시에 앞날을 경축하는 경절이다.

② 대각개교절

4월 28일에 원불교 교조인 소태산 대종사의 깨달음[大覺]과 원불교의 개교(開敎)를 기념하여 교도의 공동생일을 겸하는 원불교의 근원이 되는 날을 경축하는 경절이다.

③ 석존성탄절

음력 4월 8일에 원불교의 연원불인 석가모니 부처님의 탄생을 경축하는 경절이다.

④ 법인절

8월 21일에 원불교 초창기 9인 선진이 소태산 대종사를 모시고 천지신명께 기도 올려 백지혈인(白指血印, 흰 종이 위에 맨손가락으로 찍은 것이 핏빛으로 나타난 기적)으로 진리계의 인증[法界認證]을 받은 날을 경축하는 경절이다.

2) 대재

대재(大齋)는 소태산 대종사 이하 원불교의 모든 조상과 일반교도, 부모선조, 인류 역사상의 모든 성현 및 일체생령을 추모하는 것으로 근본을 찾아 보은[追遠報本]의 예를 실행하는 것이다.

대재는 소태산 대종사의 열반일인 6월 1일에 올리는 '육일대재'와 12월 1일에 한해를 마무리하며 감사의 향례를 올리는 '명절대재'가 있다.

대재는 합동향례로 올린다. 모든 교도는 마음을 합하여 정성을 바치며 예법을 갖추어서 법계향화(法界香火, 추모하는 마음으로 올리는 향과 촛불)가 한없는 세월에 길이 전해지도록 하여야 한다. 명절대재는 형편에 따라 12월 1일 전후의 가까운 일자에 행할 수도 있다.

| 새겨보는 문제 |

(가) 서로 관계있는 경축절과 월일을 연결하시오.
　㉠ 신정절　　○　　○ 4월 28일
　㉡ 대각개교절 ○　　○ (음)4월 8일
　㉢ 석존성탄절 ○　　○ 8월 21일
　㉣ 법인절　　○　　○ 1월 1일

(나) 소태산 대종사의 열반일인 □월 1일에 올리는 □□대재와 12월 1일에 올리는 □□대재가 있다.

3. 기초예절

1) 예(禮)의 정신

『원불교 예전』'총서편'에 예의 정신을 세 가지로 밝히고 있다.

첫째는 널리 공경(恭敬)함이다. 이는 모든 사람과 사물을 대할 때 공경하는 마음을 잃지 않아야 한다는 것이다.

둘째는 매양 겸양(謙讓)함이다. 이는 모든 사람과 사물을 대할 때 항상 나를 낮추고 상대방을 높이는 정신을 잃지 않아야 한다는 것이다.

셋째는 계교(計較)하지 않음이다. 이는 모든 사람과 사물을 대할 때 내가 예의에 어긋남이 있는가를 살필지언정 상대의 예의에 어긋남을 생각하지 않는 마음을 말하는 것이다.

원불교 교도는 이러한 세 가지 예의 정신에 바탕 해서 신앙하고 수행해야 한다.

2) 예절

① 대각전(大覺殿, 法堂) 예절

㉮ 교당에 가면 먼저 일원상 앞에서 인사를 해야 한다. 대각전이나 일원상을 모신 불단(佛壇, 일원상을 모셔놓은 단)이 있는 실내를 출입할 때는 입구에서 일원상을 향하여 합장하고 경례한 다음 출입한다.

㉯ 가능하면 불단에 올라 촛불을 밝히고 향에 불을 붙여 향로에 꽂고 큰절을 네 번 한다. 때로는 서서 허리를 90도 각도로 굽혀 절을 하고, 불단 아래에서 큰절 또는 서서 절을 해도 결례는 아니다.

㉰ 촛불을 밝힐 때는 상황에 따라 촛대의 초에 전부 또는 일부에 불을 밝힌다.

㉱ 향불을 피울 때는 향 끝을 촛불에 대고 불을 붙여 향로에 천천히 꽂으면 된다.

㉲ 불단에서 내려올 때는 가볍게 머리를 숙여 일원상 전에 예를 갖추고 내려오며, 대각전을 자주 출입할 때에도 그때

마다 합장하고 일원상 전에 경례를 올린다.

㊅ 대각전에서는 정숙해야 한다. 목소리를 낮추고, 발걸음도 가볍게 하여 소리가 나지 않게 하는 것이 스스로의 경건함을 유지하는 것이며, 다른 사람에게도 방해가 되지 않는다.

| 새겨보는 문제 |

(가) 예의 세 가지 정신은 널리 □□함, 매양 □□함, □□하지 않음이다.
(나) 교당에 오면 먼저 대각전 □□상 앞에 절을 □배해야 한다.

② 예회(例會, 法會) 예절

㉮ 예회(법회)에 참석하기 위해 교당에 갈 때는 『원불교 교전』을 가지고 가야한다.
㉯ 예회를 보기위해 교당이나 예회 장소에 오면 입구에서부터 정숙해야 한다.
㉰ 예회 시작 시간 최소 5분 전에는 대각전 또는 예회 장소에 도착하여 자리에 앉는 것이 좋다.
㉱ 대각전 또는 예회 장소에 들어서면 다른 교도에게 방해가 되지 않는 자리에 서서 일원상 전에 큰절로 또는 서서 허

리를 90도 각도로 굽혀 합장 경례한다. 그 횟수는 네 번으로 하고 자리에 앉으면 성가 합창을 하면 같이하고, 감사와 참회의 기도를 하거나 입정 또는 경전을 조용히 봉독하는 것이 좋다.

㉮ 독경할 때는 목탁의 음률에 맞추어 하고, 성가는 반주에 맞추어서 대중과 함께 부른다.

㉯ 새로 온 사람이나 자신이 입교시킨 교도가 있으면 옆에 앉아 예회 진행에 필요한 사항을 안내해 준다.

㉰ 교도 상호 간에는 합장하고 인사를 나눈다.

㉱ 교도는 모든 예회에 빠지지 않으려고 노력해야 한다.

③ 절하는 법

㉮ 절에는 대례(큰절)와 소례(평절)가 있다. 큰절이나 평절이나 간에 앉아서 하는 절과 서서 하는 절이 있다. 앉아서 하는 절의 경우, 큰절은 오체(五體, 머리·두 손·두 무릎)가 바닥에 닿아야 하고, 평절은 두 손과 두 무릎이 바닥에 닿게 하고 머리는 바닥에 닿지 않는다.

㉯ 앉아서 하는 절의 방법은 합장을 하고 먼저 무릎을 꿇고 손과 허리가 같이 굽게 하는데 발은 발등이 바닥에 닿게 하고, 엉덩이는 발뒤꿈치에 붙인다. 서서 하는 절의 경우,

큰절은 허리를 90도로 숙여하고, 평절은 45도로 숙여한다.
㉣ 불전이나 탑묘, 웃어른에게는 큰절을 하고 평교간(平交間, 서로 비슷한 도반 사이)에는 평절을 한다. 특별한 경우를 제외하고는 일원상 앞에는 큰절로 4배를 하고, 절에 모신 부처님 앞에는 큰절로 3배를 하며, 돌아가신 분에게는 2배, 살아 계신 분에게는 1배를 한다.
㉤ 단체로 일원상 앞이나 돌아가신 분에게 절을 하게 될 때는 한 사람이 대표로 향을 올리고, 모두 같이 합장하고 잠시 심고를 올린 후 엎드려 절을 하되 엎드리고 일어나는 것을 서로 맞추어서 하는 것이 좋다. 주의할 것은 심고를 올린다고 너무 오랫동안 서있지 않도록 한다.
㉥ 일원상 앞에 나아가 절을 하게 될 경우에는 식의 시작 5분 전에는 마쳐야 한다. 그리고 어느 곳에서나 의식이 진행 중이면 불단에 올라가지 않아야 한다.
㉦ 절을 하기 위해 불단에 올라야 할 경우에는 불단의 정면보다는 양쪽 옆을 이용하는 것이 좋다.

④ 일원상 봉안
㉮ 교도는 가정이나 직장에 일원상을 봉안(奉安, 편안히 받들어 모심)하여 가족이 함께 신앙하고 자신의 마음을 챙긴다.

㈏ 일원상을 모실 때는 교당의 교무에게 미리 알리고 봉안 의식을 갖는 것이 바람직하다.

㈐ 가정에 일원상을 봉안하고 생활할 때는 나갈 때나 들어올 때나 일원상 앞에 인사를 한다.

㈑ 일원상 앞에서는 경외(敬畏, 공경하고 두려워 함)하는 마음으로 정중하고 조심스럽게 행동한다.

| 새겨보는 문제 |

㈎ 앉아서 절을 하는 경우 큰 절은 □□가 바닥에 닿아야 하고, 평절은 두 손과 두 □□이 바닥에 닿게 한다.

㈏ 서로 절하는 횟수가 관계있는 것을 연결하시오.
  ㉠ 일원상 전   ○   ○ 2배
  ㉡ 절에 모신 부처님 전 ○   ○ 1배
  ㉢ 살아 계신 분   ○   ○ 3배
  ㉣ 돌아가신 분   ○   ○ 4배

4. 법회

법회(法會)에 대하여 『원불교 예전』 '교례편'에서 정의하기를 '법을 강론하고 법을 훈련하며 기타 신앙을 중심으로 하여 진행하는 법의 모임을 통칭하는 것이다.'라고 하였다.

신앙이란 일정한 모임 내지는 의식(儀式)을 통하여 복락(福樂)을 구하는 행위일체를 의미한다. 때문에 법회는 교도의 신앙과 수행의 기본이 되는 것이며 법회 참석은 교도 4종 의무의 한 조항이다.

법회는 정신의 양식과 집을 마련하는 것인 만큼 한 주일을 통하여 6일은 육신의 의·식·주를 구하고, 일요일 또는 정해진 법회 날에는 반드시 법회에 참석해야 한다.

1) 법회의 종류

법회에는 정례법회와 수시법회가 있다.

정례법회는 월례법회와 연례법회가 있으며, 월례법회는 예회와 야회가 있고, 연례법회는 동선·하선과 특별강습회가 있다.

월례법회는 그 지방 교도들의 형편에 따라 일요일이나 또는 적당한 일자를 택하여 개최한다. 또한 교당 형편에 따라 야회(夜會, 저녁에 보는 법회)를 보기도 한다.

수시법회는 형편에 따라 수시로 개최하는 설법의 회합과 교당 의례를 갖추어야 할 교단의 모든 집회를 통칭하는 것이다.

교당 의례와 일반 의례를 약식으로 하는 경우에도 입정과 심고는 순서에 편입하여 시행하도록 한다.

2) 예회 식순

예회는 그 예회의 성격에 따라 순서가 달라질 수 있으며 현행 예회 순서도 형편에 따라 약간의 가감이 있을 수 있다.

예회 식순을 설명하면 아래와 같다.

예회 시작 전에 다 같이 성가를 부르는 것도 좋고, 입정 또는 경전을 조용히 읽으며 예회 볼 마음의 준비를 하는 것이 좋다.

좌종 10타

주례는 개회 전에 촛불을 켜고 향을 피우고 좌종 10타를 친 후 그대로 앉는다. 단, 사회자가 없는 경우 사회 석으로 이동하여 사회를 한다.

① 개회

개회는 예회의 시작을 선포하는 것이다.

사회자는 죽비 3타를 하고 대중을 향해 합장하고 경례를 하면서 "반갑습니다!"라고 하고, 대중도 합장하고 경례를 하면서 "반갑습니다!"라고 한다. 사회자는 개식의 말을 간단하게 할 수도 있다.

② 일원상(법신불) 전 헌배

원불교 신앙의 대상이요 수행의 표본인 일원상을 향해 주례와 대중은 자리에서 일어나 대례로 4배를 올린다.

대각전(법회 장소)에 의자가 놓여있는 경우는 일어선 상태로, 마루로 된 경우에는 엎드려 대례로 4배를 한다. 절은 사회자의 죽비신호에 맞추어 하는 것이 좋다.

③ 입정

예회에 오롯하게 임할 수 있도록 잠시 동안(2~3분) 마음을 모으는 시간이다.

사회자는 "마음을 모으는 입정합니다."라고 한 후 죽비(혹은 좌종) 1타로 입정을 시작하여 죽비 1타로 출정 신호를 한다. 주례자는 일원상 전 헌배 후 일원상 앞에 앉아 입정한다. 단, 사회자가 없는 경우 주례자가 죽비 또는 좌종으로 신호하기도 한다. 입정 시간은 예회의 성격과 교당의 상황에 따라 가감한다.

④ 독경

사회자는 "독경합니다."라고 한 후, "독경은 일원상서원문과 반야바라밀다심경입니다."라고 한다. 주례는 좌종 3타를 한 후 '일원상서원문'을 선창하고 좌종 1타와 함께 목탁으로 운곡을 맞추어 독경한다. 대중은 목탁 신호를 따라 음률에 일탈되지 않도록 한다. 좌종을 치는 곳은 다음과 같다.

일원상서원문의 마지막 부분 '……서원함' 후 좌종 1타를 하고 이어서 주례가 '반야바라밀다심경'을 선창한 후 좌종 1타를 하며 독경을 시작하여 반야바라밀다심경 마지막 부분 '……모제사바하' 후 좌종 3타로 독경을 마친다.

독경 할 때에는 구절마다 새기는 것보다 오롯한 일념으로 염송(念誦, 간절한 마음으로 외우는 것)한다. 단, 주례자가 혼자인 경우에는 독경 중간에 좌종 1타를 생략할 수도 있다.

⑤ 성가

사회자는 "성가는 ○○장 ○○○○ 노래입니다."라고 한다. 반주자는 악기(피아노 등) 앞에서 대기하고 있다가 사회자의 안내가 끝나면 바로 연주를 시작하여 예회의 흐름이 자연스럽게 한다. 예회 상황에 따라 교가(성가 2장)는 부를 수도 있다.

⑥ 설명기도 및 심고가

설명기도는 한 주일의 생활에 대한 감사와 잘잘못을 참회하고 서원을 비는 시간으로 대중은 설명기도에 한 마음이 되어야 한다.

모두 자리에서 일어나 사회자의 죽비 1타에 합장하고 설명기도를 시작하며, 설명기도가 끝날 즈음 반주가 있을 때에는 마침 죽비를 치지 않고 바로 반주에 맞추어 합장한 상태로 심고가(성가 128장) 1절을 다 같이 부르고, 반주자가 없을 경우 마침 죽비 1타 후 이어서 심고가 1절을 다 같이 부르고 경례한다.

⑦ 법어봉독

예회에서 법어봉독은 소태산 대종사의 법어를 봉독함이 원칙으로 하나 때로 『정산종사 법어』 또는 역대 종법사의 법어를 봉독할 수 있다.

사회자는 대중이 설명기도 후 자리에 앉으면 "오늘 우리가 받들 법문 말씀은 대종경(○○법어) ○○품 ○○장, 전서 ○○쪽입니다."라고 안내한다.

법어를 봉독하는 사람은 경전을 두 손으로 받쳐 들고 대중을 향하여 경례하고, 대중은 경(經)에 대한 예로 합장 경례 한 후 법어를 봉독한다. 법어는 봉독하는 사람 혼자 봉독하고 대중은 조용히 경청하기도 하고, 대중과 함께 합독하기도 한다. 법어봉독이 끝나면 봉독한 사람은 대중에게 경례를, 대중은 경에 대하여 합장 경례를 동시에 올린다.

⑧ 일상수행의 요법

지난 일을 일상수행의 요법대로 신앙하고 수행하였는가를 대조하고, 다음 예회까지 일상수행의 요법대로 신앙하고 수행할 것을 서원하는 것으로 대중과 보조를 맞추어 암송한다.

사회자가 "일상수행의 요법을 외우며 각자의 마음과 생활을 대조합니다." 한 후 '일상수행의 요법'을 선창하면 대중은 "1. 심지는……" 하면서 함께 외우고 죽비신호는 하지 않는다.

⑨ 성가

성가는 한두 곡 정도를 즐겁고 경건하게 부른다. 반주자는 악기 앞에 대기하고 있다가 사회자의 안내가 끝나면 바로 반주를 시작한다.

⑩ 설교(설법)

소태산 대종사의 가르침을 교역자나 기타 법의 이해가 깊은 사람이 대중을 향하여 일상생활의 직·간접 경험을 토대로 신앙과 수행적으로 전하는 것이다.

설법이라고 할 때는 법위가 정사(正師, 법강항마위) 이상 된 분이 법을 설할 때를 말한다.

사회자는 "오늘 설교(설법)는 ○○타원(○산) ○○○교무님께서 해주십니다."라고 한다. 설법자가 종사(宗師) 이상의 법위를 가진 경우는 청법가(성가 162장)를 설법 전에 부른다. 사회자는 설교 후 설교 내용을 요약하거나 부연하지 않는다.

⑪ 심고

예회를 마무리하며 돌아오는 날에도 법에 맞게 신앙과 수행할 것을 묵상으로 고하고 원하는 바를 일원상 전에 비는 시간이다.

대중은 앉은 채 죽비 1타에 합장하고 경례를 올린 후 심고를 시작하여 1분 정도 심고 후 죽비 1타에 합장 경례를 올리고 마친다.

⑫ 성가

다음 예회에 또 다시 일원상 전에 예를 올릴 것을 약속하며 법의 양식으로 감사하게 살아가겠다는 의미이다. 성가는 지정하여 한 곡을 계속 부를 수도 있고 상황에 따라 다양하게 부를 수 있다.

⑬ 폐회

사회자는 "이상으로 오늘 예회를 마칩니다."라고 한 후 죽비 3타로 마무리한다. 대중은 죽비소리에 맞추어 일원상 전에 합장 경례하며 "마음공부 합시다!"라고 말하며 예회를 마친다. 공고가 있을 때는 폐회 전에 하며 너무 길지 않게 한다.

| 새겨보는 문제 |

(가) 교당 의례와 일반 의례에 있어서 □□과 □□는 모든 의례 순서에 편입하여 시행한다.
(나) 월례법회는 □□와 야회가 있고, 연례법회는 동선·□□과 특별강습회가 있다.

5. 천도재

천도(薦度)란 '부처님 또는 성자의 법으로 천거(薦擧)하는 의식'이다. 그리하여 결국 악한 사람을 선한 사람으로 전환시키고, 낮은 곳에서 좋은 곳으로 인도하며, 미혹(迷惑, 마음이 무명에 가려져 번뇌 망상이 일어나고 사리에 어두운 것)에서 깨달음에 이르도록 인도하는 것이다.

천도는 산 사람, 죽은 사람 모두 해당되는 것이지만 주로 죽은 사람의 영혼을 위하여 행하는 예가 많으며, 죽은 뒤 중음(中陰, 다음생의 몸을 받아 날 때까지의 영혼 상태)에 머무는 49일 동안 7회에 걸쳐 천도재를 행한다.

1) 재(齋)

재(齋)는 열반인의 천도를 위하여 베푸는 법요행사다. 초재

(初齋)로부터 종재(終齋)에 이르기까지 7·7헌재(獻齋)를 계속하게 하는 것은, 열반인의 영식(靈識, 신령스럽게 아는 마음작용)이 대개 약 49일 동안 중음에 있다가 각기 지은 업보의 인연에 따라 몸을 받게 되므로, 그동안 자주 독경과 축원 등으로 청정한 일념을 챙기게 하고 남은 착심을 녹이게 하며, 선도수생(善道受生, 육도윤회 중 좋은 곳에 태어나는 것)의 인연을 깊게 하는 동시에 헌공 등으로써 영가의 명복을 증진하게 하자는 것이다. 또한 모든 관계인들로 하여금 이 기간에 열반인을 추모하는 예를 지키도록 하는 것이다.

열반일로부터 7일이 되면 영위보관소 또는 교당에서 초재를 거행하고, 7일 마다 재를 거행하여 열반 후 49일 즉 7·7일이 되면 종재(終齋)를 행한다.

2) 특별천도재

열반인의 특별한 천도를 위하여 재주(齋主)의 발원에 따라 열반 후 백일에 백일천도재를 거행할 수 있고, 또는 그 밖의 경우라도 재주의 특별한 발원에 의하여 단독 또는 합동으로 과거 열반인의 특별천도재, 합동위령재(외로운 영혼을 위로하는 합동재) 또는 수륙재(水陸齋, 물과 육지에서 헤매는 영혼을 위로하기 위하여 올리는 재) 등을 거행할 수 있다.

| 새겨보는 문제 |

(가) 천도재는 사람이 죽은 뒤 중음에 머무는 □□일 동안 □회의 재를 지낸다.
(나) 천도재는 □□한 일념을 챙기게 하고 □□을 녹이게 하며, 선도수생과 영가의 □□을 증진하는 것이다.

6. 심고와 기도

1) 심고와 기도

심고와 기도를 통해 법신불(일원상) 사은께서 은혜 주심에 감사하고, 죄 지음을 참회 반성하고, 새로운 일을 계획하고 다짐하는 것이 원불교 신앙인의 기본자세이다. 심고와 기도는 법신불 사은께 올리는 진리불공으로 소원을 이루는 동시에 천지 같은 위력을 얻는 신앙의 구체적 실천방법이다.

심고(心告)란 '마음으로 고한다.'는 뜻이며, 기도(祈禱)란 법신불 사은에게 자기가 원하는 바가 이루어질 수 있도록 '비는 것'을 말한다.

원불교에서 심고와 기도는 거의 같은 의미로 사용된다. 굳이 구분하자면, 심고는 고백의 성격이 강하고 기도는 목적 성취를 위해 비는 행위가 강조된다.

2) 심고와 기도의 원리

심고와 기도의 시작은 '모심과 감사'에서 출발한다. 내 마음에 항상 법신불 사은을 모시고 사는 생활이 심고와 기도의 기본이다. 심고와 기도는 법신불 사은과 진실한 대화로 감사를 올리는 것이며, 다짐을 올리는 것이며, 은혜와 위력을 간절히 염원하는 것으로 법신불 사은과 하나가 되어 가는 길이다.

심고와 기도를 할 때 서원(誓願)하는 바와 그에 따른 실행이 위반되면 도리어 법신불 사은의 위력으로써 죄벌이 있게 된다. 몸과 마음을 깨끗이 하고 꾸준한 정성으로 계속함과 동시에 살생·도둑질·간음 등의 계문을 특히 범하지 않아야 한다. 심고와 기도를 올릴 때 개인의 이익만을 위해서가 아니라 전 인류와 모든 생령들을 위해서 심고와 기도를 올려야 공덕이 더욱 크다.

3) 심고와 기도의 방법

심고와 기도의 방법은 우선 두 손을 모으고(합장) '천지하감지위(天地下鑑之位), 부모하감지위(父母下鑑之位), 동포응감지위(同胞應鑑之位), 법률응감지위(法律應鑑之位), 피은자(被恩者) ○○○는 법신불 사은전에 고백하옵나이다(『정전』 제3 수행편,

심고와 기도).'라고 한 후에, 자신이 원하는 바를 고백하며 기원하면 된다.

여기서 천지·부모·동포·법률은 사은을 뜻하고, 하감지위는 위에서 내려다보시고 보살펴 주실 것을, 응감지위는 좌우에서 응하여 보살펴 주실 것을 바라는 뜻이다. 하감지위와 응감지위로 구분한 이유는 천지와 부모는 부모항렬로 보고, 동포와 법률은 형제항렬로 보기 때문이다.

피은자는 '은혜를 입은 사람'이라는 말이므로 ○○○에 자신의 이름이나 그 당시 심고와 기도를 올리는 단체를 넣어서 한다.

| 새겨보는 문제 |

(가) 심고란 '마음으로 □한다.'는 뜻이며 기도란 자기가 원하는 바가 이루어질 수 있도록 '□는 것'을 말한다.
(나) 심고와 기도를 올릴 때 '천지 □□지위, 부모하감지위, 동포 □□지위, 법률응감지위, 피은자 ○○○는 법신불 □□전에 고백하옵나이다.'라고 한다.

7. 염불

1) 염불

염불(念佛)은 나무아미타불(南無阿彌陀佛)을 청정한 일심으로 외우는 것으로 좌선과 함께 수행방법이다.

나무아미타불의 '나무'는 귀의한다는 뜻이고, '아미타'는 헤아릴 수 없는 수명으로서 무량수(無量壽)를 말하는 것이며, '불'은 부처라는 뜻으로 나무아미타불은 '무량수를 지닌 부처에 귀의한다.'는 뜻이다. 불교에서는 아미타부처님의 신력에 의지하여 서방정토 극락에 나기를 염원하며 염불한다.

원불교의 염불은 삼학수행 중 정신수양의 한 방법으로써, 천만 가지로 흩어진 정신을 일념으로 통일시키고 좋은 경계나 어려운 경계에 흔들리는 정신을 안정시키는 공부법(『정전』 제3 수행편. 염불법)이다.

원불교에서 염불을 할 때에는 '나무아미타불'을 염송하지만, 외불(外佛)을 구하거나 미타색상(彌陀色相)이나 극락장엄을 그려내지 않고 자심미타(自心彌陀)를 찾아 귀의하는 것이다. 자심미타란 아미타불이 십만 팔천 리 밖에 있는 것이 아니라, 내 마음속에 자성이 청정한 마음[自性淸淨心]이 될 때가 곧 아미타불이라는 것이다.

2) 염불의 방법

염불의 방법에는 정시(靜時)염불과 동시(動時)염불이 있다.

정시염불은 일정한 시간과 일정한 장소에서 염불을 하는 것으로 새벽 좌선시간이나 저녁 잠자기 전 일정한 시간에 하는 것이 효과적이다. 염불을 할 때에는 정신을 오로지 염불 소리에 집중하되, 염불 구절을 따라 그 일념을 챙겨서 일념과 음성이 같이 연속하게 해야 한다.

동시염불은 모든 일을 할 때 염불 일념으로 잡념을 물리치고 정신을 통일하는 것으로 소리를 내서 하기도 하고, 마음속으로 하기도 한다.

'나무아미타불'의 염송은 입으로만 하는 것이 아니라 마음으로 하는 것이다.

| 새겨보는 문제 |

(가) 염불이란 나무아미타불을 청정□□으로 외우는 것으로 □□과 함께 중요한 수행방법이다.
(나) 원불교에서 염불은 □□미타를 찾아 □□하는 것이다.

8. 좌선

1) 선

선(禪)은 마음을 가다듬고 정신을 통일하며, 번뇌를 끊고 무아(無我)의 경지에 들어가는 정신집중의 수행방법이다. 이러한 선(禪)은 불교가 발생하기 이전 고대 인도의 요가수행에서부터 비롯된 것으로 보인다. 선이라는 말은 좌선 또는 참선, 무시선(無時禪)·무처선(無處禪)의 약칭으로도 쓰인다.

2) 좌선

원불교에 있어서 좌선(坐禪)은 정기훈련 11과목(『정전』 제3 수행편 참조) 중의 하나이다. 마음에 일어나는 망념을 쉬고 참 성품(性稟)을 나타내며, 몸에 불[火]기운을 내리고 물[水]기운을 오르게 하는 수행법이다.

좌선은 인도의 고대시대부터 행해오던 수행법으로 석가모니에 의해 불교적 수행법으로 발전했고, 선종에 의해 다양한 방법이 전개되었다. 고요히 앉아서 참된 이치를 생각하고, 생각을 고요히 하여 어지럽지 않게 하며, 마음을 하나로 모아 마침내 무심(無心)의 상태에 들어가 우리의 본래 마음을 찾고 깨치는 공부법이다.

3) 좌선법(坐禪法)

원불교의 좌선법은 마음을 단전(丹田, 상·중·하 3단전이 있으나, 일반적으로 하단전을 가리키며, 배꼽 아래 세 치 정도 되는 곳이다)에 주(住, 머무르다)하는 단전주법(丹田住法)을 택하고 있다. 그 방법은 '전신의 힘을 단전에 툭 부리어 일념의 주착도 없이 다만 단전에 기운 주해 있는 것만 대중잡는 것'이다.

좌선을 할 때에는 다음(『정전』 제3 수행편 좌선법)과 같이 한다.

① 좌선을 할 때의 몸가짐은 반가부좌 또는 결가부좌로 하고, 단정하고 편안한 자세로 머리와 허리를 곧게 하며 자세를 바르게 한다.

② 온 몸의 힘을 배꼽 아래 단전에 툭 부리고, 호흡은 고르게 하되 들이 쉬는 숨은 조금 강하고 길게, 내 쉬는 숨은 조금 약하고 짧게 한다.

③ 환경은 편안한 마음으로 할 수 있는 곳을 선택한다. 지나치게 춥지 않고 덥지 않은 맑은 공기가 잘 통하는 곳이 좋다.

④ 사치스런 옷이나, 너무 두껍거나 얇은 옷은 좋지 않다. 간편한 옷에 허리끈을 여유 있게 하는 것이 좋다.

⑤ 배가 부를 때나, 배가 고플 때나, 잠이 부족할 때나, 지나치게 피로할 때는 피하는 것이 좋다.

⑥ 초보자는 눈을 반쯤 떠서 잠이 오는 것을 쫓는 것이 좋고, 어느 정도 힘을 얻었을 때는 눈을 감고 하기도 한다.

⑦ 다리가 아플 때에는 조용히 자세를 바꾸되, 바꾸지 않고도 계속할 수 있도록 단련한다.

⑧ 사심 잡념이 보통 때보다 많이 일어나더라도 억지로 없애려 하지 말고 망념인 줄만 알면 자연히 없어지게 된다.

⑨ 좌선을 생활화하기 위해서는 일찍 자고 일찍 일어나는 것이 좋다.

※ 좌선이 잘 되면 차츰 무시선·무처선을 단련한다. 좌선도 하지 않으면서 무시선·무처선을 먼저 하려고 하면 잘 안 된다. 무시선·무처선은 좌선의 힘이 기초가 된다.

4) 염불·좌선의 공덕

염불과 좌선은 우리의 본래 마음을 찾아 부처와 하나 되는 수행법이므로, 염불과 좌선을 꾸준히 수행하면 마음속에 큰 힘을 얻게 되어 다음과 같은 공덕(『정전』 제3 수행편 좌선법)이 나타난다.

경거망동하는 일이 차차 없어진다. 육근(六根)동작에 순서를 얻게 된다. 병고가 감소되고 얼굴이 윤활해진다. 기억력이 좋아진다. 인내력이 생겨난다. 착심이 없어진다. 사심(邪心)이 정심

(正心)으로 변한다. 자성의 지혜광명이 나타난다. 극락을 수용한다. 생사에 자유를 얻는다.

| 새겨보는 문제 |

⑺ 선(禪)이란 마음을 가다듬고 ☐☐을 통일하며, 번뇌를 끊고 ☐☐의 경지에 들어가는 ☐☐방법이다.
⑼ 좌선은 마음에 일어나는 ☐☐을 쉬고 참 성품을 나타내며, 몸에 ☐기운을 내리고 ☐기운을 오르게 하는 수행법이다.
⑸ 단전주법은 온 몸의 힘을 배꼽 아래 ☐☐에 부리고, ☐☐은 고르게 한다.

9. 계문

계문(戒文)은 계율의 조목으로 죄를 범하지 못하게 하는 규정을 조목으로 정한 것이다. 원불교의 30계문, 불교의 5계·10계·250계·500계, 기독교의 10계명 등 여러 가지 형태가 있다.

원불교 교도에게는 점차적으로 보통급 10계문, 특신급 10계문, 법마상전급 10계문이 주어진다. 30계문을 다 지키고 나면 수행인이 자기의 마음속에 스스로 표준 잡아 지키는 심계(心戒)가 있다. 각자의 특성에 따라 심계를 두고 더욱 수행 정진해야 큰 공부를 이룰 수 있다.

1) 보통급

『정전』 제3 수행편 법위등급에서 보통급(普通級)에 대하여 '보통급은 유무식, 남녀노소, 선악귀천을 막론하고 처음으로 불문(佛門, 원불교의 가르침 속으로 들어 오는 것)에 귀의하여 보통급 10계를 받은 사람의 급이요.'라고 하였다.

보통급은 누구나 원불교에 입교하여 보통급 10계를 받고 원불교에 다니는 사람을 말한다.

대산 김대거 종사는 보통급에 대해 다음과 같이 설명하였다.

첫째, 입문(入門)이다. 처음 진리공부를 하려고 불문에 발을 들여 놓았다는 뜻이다.

둘째, 불지출발(佛地出發)이다. 진리를 깨닫기 위해서, 부처가 되기 위해서 출발하는 것이다.

셋째, 초발심(初發心)이다. 진리를 깨닫겠다고, 부처가 되어 보겠다고 첫 마음을 일으킨 것이다.

2) 보통급 10계문

① 연고 없이 살생을 말며,

　　살생을 하면 자비심이 없어짐은 물론, 가장 큰 죄업(罪業)이다. 그로 인해 인연도 얽힌다. 연고는 자기 합리화를 위한 것이 아니다.

② 도둑질을 말며,

　도둑질은 그 사람이 갖고 있는 부지런한 마음씨, 자력(自力)으로 하고자 하는 마음이 없어지게 만든다.

③ 간음(姦淫)을 말며,

　간음은 그 사람의 청정(淸淨)한 마음을 없어지게 한다.

④ 연고 없이 술을 마시지 말며,

　술은 정신 기운을 흐리게 하고 건강도 상하게 한다. 부득이 약용으로 써야할 경우에는 사용해도 된다는 뜻으로 연고라 한 것이다.

⑤ 잡기(雜技)를 말며,

　잡기는 진지하게 살고자 하는 마음을 상하게 한다. 잡기를 즐기는 인연은 강급(降級, 급수가 떨어짐)이 되는 인연들이다.

⑥ 악한 말을 말며,

　악한 말은 듣는 사람의 마음을 아프게 하며 그로 하여금 원한을 갖게 하여 되돌아온다.

⑦ 연고 없이 쟁투(爭鬪)를 말며,

　싸움이란 곧 상극의 연속이다. 부득이 정의를 세우기 위해서 다투고 싸워야 할 때를 연고라 한다.

⑧ 공금(公金)을 범하여 쓰지 말며,

공금은 여러 사람의 마음과 정성이 담겨 있는 돈으로 여러 사람에게 피해를 입히므로 업이 더 무겁다.

⑨ 연고 없이 심교간(心交間) 금전을 여수(與受)하지 말며,

가까운 사이에 돈 거래 때문에 가깝던 관계가 멀어지는 경우가 있다. 부득이한 경우가 아니면 주고받지 말아야 한다.

⑩ 연고 없이 담배를 피우지 말라.

담배는 습관적으로 피우게 되어 자신의 건강뿐 아니라 주위 인연들의 건강도 상하게 한다. 현대 사회에서는 연고라는 단어를 빼도 무방하다.

※ 살·도·음 계문은 어느 종교나 공통적으로 있는 계문이다. 그만큼 범해서는 안 되는 가장 큰 죄업이기에 처음부터 하지 말라고 한 것이다.

3) 삼독심 계문

원불교 30계문에서 제일 마지막 계문이 법마상전급 10계문 중 '탐심(貪心, 욕심내는 마음)·진심(瞋心, 성내는 마음)·치심(痴心, 어리석은 마음)을 내지 말라.'는 삼독심(三毒心) 계문이다. 이 탐·진·치만 항복 받으면 곧 법강항마위의 도인이 된다.

30계문 중 27가지 계문을 잘 지키는 사람도 탐·진·치가 남아 있으면 도로 범과할 우려가 있고, 탐·진·치가 없으면 27가

지 계문도 자연히 잘 지킬 수 있게 된다.

※ 특신급 10계문과 법마상전급 10계문은 『정전』 제3 수행편 '계문' 참조.

| 새겨보는 문제 |

⑺ 원불교에서의 30계문은 보통급 10계문, □□급 10계문, 법마□□급 10계문이다.
⑷ 보통급 10계문 중에서 '연고'가 붙은 조목은 □조, 4조, □조, 9조, □□조이다.
⑸ 법마상전급 10계문 중 탐·진·치 □□심 계문만 항복 받으면 곧 법강□□위의 도인이 된다.

10. 솔성요론

솔성요론(率性要論)의 솔성이란 '성품을 잘 거느린다.'는 뜻이다. 우리의 본래 마음 곧 성품을 일상생활 속에서 잘 활용하는 16가지 요긴한 조항으로 30계문과 함께 삼학(三學) 중 작업취사(作業取捨, 육근동작을 정의롭게 하는 것) 공부의 방법이다. 계문은 금지하는 조목이며 솔성요론은 권장하는 조목이다.

1) 사람만 믿지 말고 그 법을 믿을 것이요,

생로병사로 변화하는 육신만을 믿지 말고 영원불멸한 진리를 깨친 성자의 교법을 믿고 수행해야만 한다.

2) 열 사람의 법을 응하여 제일 좋은 법으로 믿을 것이요,

대도정법을 믿지 않고 사도(邪道)를 믿게 되면 오히려 악도에 떨어지고 영생 길을 망치게 된다.

3) 사생(四生) 중 사람이 된 이상에는 배우기를 좋아할 것이요,

사생(胎卵濕化, 모태[胎]에서 태어난 것, 알[卵]에서 태어난 것, 습[濕]에서 태어난 것, 변화[化]에서 태어난 것)으로 태어나는 중 사람[胎]으로 태어났으니 배움을 놓지 않아야 인간다운 인간이 될 수 있다.

4) 지식 있는 사람이 지식이 있다 함으로써 그 배움을 놓지 말 것이요,

큰 지혜를 얻을 때까지 부지런히 노력해야만 진급(進級)할 수 있다.

5) 주색낭유(酒色浪遊)하지 말고 그 시간에 진리를 연구할 것이요,

향락주의나 사치풍조나 소비생활에 마음을 빼앗기면 강급(降級)하거나 악도에 타락하게 된다.

6) 한편에 착(着)하지 아니할 것이요,

한편에 착하면 고통에서 벗어나기 어렵고 악도에 떨어지기 쉽다. 애착·탐착·집착·편착·원착에서 벗어나야만 자유와 해탈을 얻을 수 있다.

7) 모든 사물을 접응할 때에 공경심을 놓지 말고, 탐한 욕심이 나거든 사자와 같이 무서워할 것이요,

공경심으로 사물을 대해야만 모든 것이 부처임을 알게 되고, 일마다 불공이 된다. 탐한 욕심은 자신을 망치는 길이다.

8) 일일시시(日日時時)로 자기가 자기를 가르칠 것이요,

나의 본래 마음을 찾아 스승으로 삼는 것이 가장 큰 공부법이다.

9) 무슨 일이든지 잘못된 일이 있고 보면 남을 원망하지 말고 자기를 살필 것이요,

모든 잘못의 책임을 자기 자신에게서 찾아야만 그 잘못을 바르게 고칠 수 있다.

10) 다른 사람의 그릇된 일을 견문하여 자기의 그름을 깨칠지언정 그 그름을 드러내지 말 것이요,

남의 잘못을 스승 삼고 거울삼아 자기의 잘못을 깨치고 고쳐갈지언정 남을 흉보지도 말고 남의 앞길을 막지도 말아야 한다.

11) 다른 사람의 잘된 일을 견문하여 세상에다 포양하며 그 잘된 일을 잊어버리지 말 것이요,

다른 사람의 잘한 일을 나의 스승으로 삼고 기뻐하며, 잊

지 않고 거울로 삼아야 진급하는 사람이 될 수 있다.

12) 정당한 일이거든 내 일을 생각하여 남의 세정을 알아줄 것이요,

　　남을 이해해 주고 보살펴 주는 사람이라야 나도 남으로부터 이해받을 수 있고 도움을 받을 수도 있다.

13) 정당한 일이거든 아무리 하기 싫어도 죽기로써 할 것이요,

　　여기에서 정당한 일, 정의에 대한 바른 판단이 필요하다.

14) 부당한 일이거든 아무리 하고 싶어도 죽기로써 아니할 것이요,

　　아무리 하고 싶고 큰 이익이 돌아온다 할지라도 불의를 행하게 되면 일시적인 이익은 될지라도 영원히 큰 죄업을 짓게 된다.

15) 다른 사람의 원(願) 없는 데에는 무슨 일이든지 권하지 말고 자기 할 일만 할 것이요,

　　아무리 좋은 일이라 할지라도 다른 사람이 좋은 줄을 모르거나 원이 없을 때에는 다른 사람이 스스로 깨쳐 원하도록 인내심을 갖고 기다릴 줄 알아야 한다.

16) 어떠한 원(願)을 발하여 그 원을 이루고자 하거든 보고 듣는 대로 원하는 데에 대조하여 연마할 것이니라.

　　천만사물을 대할 때마다 그 원하는 바에 대조하여 연마하는 습관을 길들이는 것이 그 원을 달성하는 가장 빠르고 원만한 방법이다.

| 새겨보는 문제 |

(가) 계문은 □□하는 조목이며 솔성요론 16조목은 □□하는 조목이다.
(나) □ 사람의 법을 응하여 제일 좋은 □으로 믿을 것이요.

11. 염송문

1) 염송(念誦)

종교마다 교리(敎理 또는 敎義)가 있고, 의식(儀式 또는 敎儀)이 있다. 그리고 그 교리를 마음에 새기어 실천할 수 있게 하기 위해 암송하게 하는 것이 있다. 이를 염송이라 한다. 염송의 염(念)은 '경이나 주문 등을 마음으로 생각하는 것'이고, 송(誦)은 '외워서 읊는다.'는 뜻이다.

2) 원불교의 염송문

원불교의 염송문(念誦文)은 각종 의식과 일상생활 속에서 암송하는 것으로 대표적인 주문(呪文)에는 영주·청정주·성주·참회게 등이 있고, 경문(經文)으로는 일원상서원문, 일상수행의 요법, 참회문, 반야바라밀다심경 등이 있다.

일반적으로 주문은 해석하기보다 주문의 소리에 마음을 주(住)하고 일심으로 독송하여 심력(心力)과 위력을 얻는 것이다. 경문은 때에 따라 대조하며 외우기도 하고, 주문처럼 해석 등을 하지 않고 일심으로 외우기도 한다.

① 영주(靈呪)

영주란 지극히 신령스러운 힘을 가지고 있는 주문이라는 뜻이다.

영주는 마음이 어지러울 때, 번뇌와 망상이 자신을 힘들게 할 때, 깊은 수양을 하고자 할 때, 자신이 바라는 바를 이루고 싶을 때 염송하면 커다란 위력을 얻는 주문이다. 영주는 다음과 같다.

천지영기아심정(天地靈氣我心定)
만사여의아심통(萬事如意我心通)
천지여아동일체(天地與我同一體)
아여천지동심정(我與天地同心正)

주문은 해석을 하지 않고 염송하는 것이지만, 영주를 직역하면 '천지의 신령한 기운이 내 마음에 정하면(天地靈氣我心定)

만사가 내 뜻과 같이 내 마음에 통하고(萬事如意我心通) 천지가 나와 더불어 같은 몸이 되고(天地與我同一體) 내가 천지와 더불어 한 마음으로 바르게 된다(我與天地同心正).'는 뜻이다.

② 청정주(淸淨呪)

현실의 일들은 여러 가지로 일어난다. 이는 자신이 지은 바 업이 현실에 나타나기 때문이기도 하다. 현실적으로 부딪치는 어려움을 재난(災難) 또는 재액(災厄)이라 한다.

청정주는 모든 재액을 면하고 원한을 풀며 죄업에 물든 마음을 청정하게 하는 주문이다. 청정주를 일심으로 염송하면 진리의 큰 위력을 얻고 보호를 받게 된다. 청정주는 다음과 같다.

> 법신청정본무애(法身淸淨本無碍)
> 아득회광역부여(我得廻光亦復如)
> 태화원기성일단(太和元氣成一團)
> 사마악취자소멸(邪魔惡趣自消滅)

청정주를 직역하면 '법신(法身, 영원불멸한 진리를 증득한 영원한 몸)은 청정하여 본래 걸림이 없는 것이니(法身淸淨本無碍) 나도 빛을 돌이켜 얻으면 또한 그와 같은 것이며(我得廻光亦復如) 만물을 화육시키는 원래의 기운에 내 마음을 하나로 합하면(太和元氣成一團) 사마악취는 저절로 없어지는 것이다(邪魔惡趣自消滅).'라는 뜻이다.

③ 성주(聖呪)

사람이 세상에 태어나 살아가면서 가장 두려워하는 것이 있다면 그것은 죽음일 것이다. 그 이유는 죽은 다음의 세계에 대해서 알지 못하기 때문이다.

성주는 영혼은 죽지 않고 윤회하며 새로운 생명을 얻어 새로운 삶을 살게 되는 이치에 바탕하여 영혼을 위로하고 천도하기 위한 주문이다. 성주는 다음과 같다.

영천영지영보장생(永天永地永保長生)
만세멸도상독로(萬世滅度常獨露)
거래각도무궁화(去來覺道無窮花)
보보일체대성경(步步一切大聖經)

성주를 직역하면 '생멸이 없는 영원한 천지와 더불어 길이 생을 보전하고(永天永地永保長生) 만 세상에 열반을 얻어 홀로 드러나며(萬世滅度常獨露) 세세생생 거래 간에 대도를 바르게 깨쳐 무궁무진한 꽃을 피우고(去來覺道無窮花) 걸음걸음 모두가 대성현의 경전이 될지어다(步步一切大聖經).'란 뜻이다.

④ 참회문(懺悔文)과 참회게(懺悔偈)

사람은 비록 작은 것일지라도 죄를 짓지 않는 경우가 드물다. 따라서 사람은 죄를 지은 만큼 뉘우치고 참회해야 한다. 참회문은 죄 지은 것을 뉘우치며 다시는 죄를 짓지 않기로 서원하기를 염원하는 뜻에서 소태산 대종사가 지은 경문(經文)이다(『정전』 제3 수행편 '참회문' 참조).

참회문을 계속하여 염송하면 상극의 기운이 풀리어 상생의 기운으로 돌려지고 새로운 인생이 열린다. 참회문과 참회게는 내용면에서 크게 다른 점이 없으나 차이가 있다면, 참회문은 장문의 글로 되어 있고 참회게는 단 여덟 소절의 시구로 되어 있다. 참회게는 천도재 때 '참회문' 대신으로 암송하기도 한다. 참회게는 불교의 「화엄경」 보현행원품에 있는 내용으로 다음과 같다.

> 아석소조제악업(我昔所造諸惡業)
> 개유무시탐진치(皆由無始貪瞋痴)
> 종신구의지소생(從身口意之所生)

일체아금개참회(一切我今皆懺悔)

죄무자성종심기(罪無自性從心起)

심약멸시죄역망(心若滅時罪亦亡)

죄망심멸양구공(罪亡心滅兩俱空)

시즉명위진참회(是卽名謂眞懺悔)

　참회게를 직역하면 '내가 지난날 세상에 지은 바 모든 악업(我昔所造諸惡業)은 모두 다 비롯됨이 없는 탐심·진심·치심 때문으로(皆由無始貪瞋痴) 몸과 입과 마음을 좇아서 일어난 것이니(從身口意之所生) 이 모든 것을 내가 모두 참회 하나이다(一切我今皆懺悔). 우리의 자성에는 원래에 아무런 죄악이 없고 다만 마음을 따라 일어난 것이니(罪無自性從心起) 마음이 멸하면 죄도 또한 없어지는 것이네(心若滅時罪亦亡) 죄도 없고 마음도 멸하여 죄와 마음이 모두 비어지면(罪亡心滅兩俱空) 이것이 곧 이름하여 진실한 참회라 하는 것이네(是卽名謂眞懺悔).'라는 뜻이다.

⑤ 반야바라밀다심경(般若波羅蜜多心經)

반야바라밀다심경을 줄여서 '반야심경(般若心經)'이라고도 한다. 반야심경은 260자의 글로 엮어졌지만 6백 권에 달하는 반야경(般若經)의 정수를 뽑아 간추린 것으로 설명되며 불교의 핵심사상이라 할 공(空)사상을 담고 있다.

반야바라밀다심경의 반야는 '완전하고 큰 지혜'를 뜻하며, 바라밀다는 '열반의 피안에 도달한다.'는 뜻으로 지혜로 고해의 바다를 헤쳐 열반의 이상세계에 도달하게 하는 심경 즉 '마음의 법문'이라는 뜻이다.

원불교에서는 반야심경을 『불조요경』에 포함하여 연원 고경으로 지정하였고, 기도·천도재 등 각종 의식에서 독경문으로 활용하고 있다.(원문은 『불조요경』 또는 『독경집』 등 참조)

⑥ 일원상서원문과 일상수행의 요법은 '일원상서원문'장과 '일상수행의 요법'장을 참조.

| 새겨보는 문제 |

(가) 다음은 영주이다. □안을 보기에서 찾아 넣으시오.
   천지영기 □□□ 만사여의 □□□
   천지여아 □□□ 아여천지 □□□
   보기) ① 동심정 ② 아심정 ③ 동일체 ④ 아심통

(나) 모든 재액을 면하고 원한을 풀며 죄업에 물든 마음을 청정하게 하는 주문이 □□주이다.

(다) 다음은 성주이다. □안을 보기에서 찾아 넣으시오.
   영천영지 □□□□ 만세멸도 □□□
   거래각도 □□□ 보보일체 □□□
   보기) ① 무궁화 ② 대성경 ③ 상독로 ④ 영보장생

Ⅳ. 원불교 교서

 교서는 원불교의 교과서를 말한다. 즉 원불교의 교리·제도·역사를 문자화하여 교도들의 신앙과 수행의 길잡이가 되도록 한 것이다. 원불교에서 교서는 경전의 뜻에 가깝다.

 원불교의 교서는 8종 교서가 있다. 교서에는 『원불교 교전』, 『불조요경』, 『원불교 예전』, 『정산종사 법어』, 『원불교 교사』, 『원불교 교헌』, 『원불교 성가』, 『대산종사 법어』이다.

1. 원불교 교전

 『원불교 교전(圓佛敎敎典)』을 보통 『교전』이라고 이름 한다. 『원불교 교전』은 원불교 제1의 기본 경전이다.

 『원불교 교전』은 그 내용이 『정전』과 『대종경』으로 구분 된다.

『원불교 교전』은 원기 47(1962)년에 제1부 『정전』, 제2부 『대종경』으로 하여 발행하였다.

1) 정전

『정전(正典)』은 소태산 대종사가 친히 감수하여 발행한 『불교정전』을 근본하여 진리의 원리적인 세계와 믿고 닦아 나가는 방법을 수록하여 진리의 '원경(元經)'이라고 한다.

정전은 3편으로 구성되어 제1 총서편은 원불교라는 종교의 문을 열게 된 동기와 목적 그리고 교법의 정신과 강령이 기록되어 있다. 제2 교의편은 교리를 전체적으로 다룬 부분으로 일원상을 중심하여 사은사요와 삼학팔조 등이 구체적으로 설명되어 있다. 제3 수행편은 진리의 세계 또는 교리의 세계에 접근하는 방법과 실천수행의 결과가 밝혀져 있다.

2) 대종경

『대종경(大宗經)』은 소태산 대종사가 진리를 여러 각도로 풀어 해석한 법문을 당대 제자들이 기록한 것을 종합 편찬한 경이다. 대종경은 진리의 세계를 사통오달(四通五達)로 풀이하였기 때문에 '통경(通經)'이라고 한다.

대종경은 15품 547장으로 제1 서품, 제2 교의품, 제3 수행품, 제4 인도품, 제5 인과품, 제6 변의품, 제7 성리품, 제8 불지품, 제9 천도품, 제10 신성품, 제11 요훈품, 제12 실시품, 제13 교단품, 제14 전망품, 제15 부촉품으로 구성되어 있다.

> | 새겨보는 문제 |
>
> (가) 원불교의 8종 교서는 『원불교 □□』, 『불조□□』, 『원불교 예전』, 『정산종사 □□』, 『원불교 교사』, 『원불교 교헌』, 『원불교 성가』, 『대산종사 법어』이다.
> (나) 『정전』은 진리의 □□이라 하고, 『대종경』은 진리의 세계를 사통오달로 풀이하였기 때문에 □□이라 한다.

2. 불조요경

『불조요경(佛祖要經)』은 원불교의 연원경으로 원기 50(1965)년 편찬 발행하였다. 각 경마다 의역과 원본이 실려 있다.

불조요경은 불경 가운데 마음공부에 요긴한 다섯 개의 경과 세 개의 조사(祖師)어록을 수록하여 놓은 것으로 모두 소태산 대종사가 친히 선정하여 『불교정전』에 편입하였었다. 불조요경에 수록된 경은 다음과 같다.

1) 금강반야바라밀경(金剛般若波羅密經)

「금강경」이라고도 하며 대승불교 초기에 인도에서 만들어진 것으로 '구마라집(鳩摩羅什)'이 서기 402년에 한역(漢譯)을 하였다고 한다. 「금강경」은 공(空)의 논리가 바탕을 이루고 있으며 마음을 어떻게 가져야 하고 아닌 마음을 어떻게 항복받아야 하는가를 제시하고 있다.

2) 반야바라밀다심경(般若波羅密多心經)

불교 경전 가운데 가장 짧고 극히 일반화된 경전이며 「반야심경」이라고도 한다. 「금강경」의 내용이 축약된 것이라고 말하는 경우도 있다. 주된 내용은 모든 것이 공(空) 아님이 없음을 설명하며 참된 공의 세계를 말하고 있다.

3) 사십이장경(四十二章經)

불교의 입문서라고도 한다. 중국에서 한문으로 번역된 최초의 경이라 하며, 서기 64년 가섭 마등(迦葉摩騰), 축법란(竺法蘭)이 낙양 백마사(洛陽白馬寺)에서 공동으로 번역하였다고 전한다. 그 내용은 불교의 근본적인 가르침을 단편적으로 설명하고 있다.

4) 현자오복덕경(賢者五福德經)

중국 서진(西晉)의 백법 조사(百法祖師)가 번역한 인과의 원리를 밝힌 것으로 현자가 법을 설함으로 하여 5가지의 복덕을 받는다는 내용이다.

5) 업보차별경(業報差別經)

중국 수(隨)나라 구담 법지(瞿曇法智)가 번역하였으며 인과에 관한 내용으로 중생들이 행한 결과가 어떻게 나타나는가를 밝히고 있다.

6) 수심결(修心訣)

고려시대 보조 지눌(普照知訥)이 지은 것으로 마음을 어떻게 닦아야 하는가를 구체적으로 설명하는 마음 닦는 비결서이다.

7) 목우십도송(牧牛十圖頌)

여러 저술자의 목우십도송이 있다. 불조요경에서는 중국 송(宋)나라 보명 화상(普明和尙)의 저술을 택하였다. 수도인이 마음 공부하여 구경에 이르는 과정을 소 길들이는 것에 비유한 것이다.

8) 휴휴암좌선문(休休庵坐禪文)

중국 원(元)나라 몽산 덕이(蒙山德異)의 저술로 선(禪)의 참된 세계와 아울러 활선(活禪)의 세계를 낱낱이 설명하고 있다. 보통 아침 좌선시간에 일원상서원문, 반야심경과 함께 독송한다.

| 새겨보는 문제 |

⑺ 불조요경에는 「금강□□바라밀경」, 「반야바라밀다심경」, 「사십이장경」, 「현자오복덕경」, 「업보차별경」, 「□□결」, 「목우십도송」, 「휴휴암□□문」이 있다.
⑷ 모든 것이 공(空) 아님이 없음을 설명하며 참된 □의 세계를 말하고 있는 경은 □□□□이다.

3. 원불교 예전

사람이 사람으로서 갖추어야 할 내용을 원리적으로 수록함과 동시에 가정과 원불교 교단에서 의식을 집행하는 의의와 목적 및 방법을 수록한 경전이다.

소태산 대종사가 원기 11(1926)년에 허례를 폐지하고 예(禮)의 근본정신을 드러내고자 새로 의례를 제정한 후, 원기 20(1935)년에 『예전』을 편찬 발행하였고, 그후 더욱 수정 보완

하여 원기 53(1968)년 현행 『원불교 예전』을 편찬 발행하였다. 원불교의 모든 예법이나 예식행사는 이 예전에 근거하여 행한다.

『예전』의 총서편은 예의 총강을 밝혔으며, 제1 통례편은 인간이 일상생활을 통하여 갖추어야 할 내용을, 제2 가례편은 사람이 태어나서 죽을 때까지의 과정을 의식에 맞춰 행하는 가정의 예법을, 제3 교례편은 원불교 교단을 중심으로 하여 교당에서 행사하는 일체의 의례를 밝혀 놓았다.

4. 정산종사 법어

정산 송규 종사(이하 정산 종사라 칭함, 1900~1962)가 친제한 제1부 『세전(世典)』과 정산 종사의 법문을 제자들이 기록하여 종합 편찬한 제2부 『법어(法語)』로 구분된다.

1) 세전

『세전(世典)』은 사람이 세상을 살아가는데 있어서 마땅히 표준을 삼아야 할 내용으로 구성되어 있다.

내용은 태교로부터 출생·교육·결혼·열반에 이르기까지 인간이 가정·사회·국가·세계를 통하여 마땅히 걸어가야 할 도리를 총 10장으로 밝히고 있다.

2) 법어

『법어(法語)』는 정산 종사의 언행록으로 진리를 여러 각도로 풀어 해석한 법문을 당대 제자들이 기록한 것을 편찬하여 원기 57(1972)년에 발행하였다.

법어는 15편 682장으로 제1 기연편, 제2 예도편, 제3 국운편, 제4 경륜편, 제5 원리편, 제6 경의편, 제7 권도편, 제8 응기편, 제9 무본편, 제10 근실편, 제11 법훈편, 제12 공도편, 제13 도운편, 제14 생사편, 제15 유촉편으로 구성되어 있다.

| 새겨보는 문제 |

(가) 원불교의 모든 □□이나 예식 행사는 『원불교 □□』에 근거하여 행하게 된다.
(나) 『정산종사 법어』는 □□편으로 구성된 정산 종사의 □□록이다.

5. 원불교 교사

원불교 역사가 수록된 교서이다.

정산 종사가 저술하여 소태산 대종사의 감수하에 발표(원기 22~23년)한 「불법연구회창건사」를 토대로 하고, 개교반백년기념대회 때까지의 교단사를 기록하여 원기 60(1975)년에 발행하였다.

교사는 원불교 교조인 소태산 대종사 탄생의 필연성과 탄생에서 열반에 이르기까지 과정 및 열반 후 교단의 상황을 사건 중심으로 상세히 정리해 놓고 있어 원불교를 이해하는데 기초적인 도움이 된다.

6. 원불교 교헌

원불교 교단의 기본 헌장이다. 교단 운영의 기본 법규와 제도, 각 기구들이 하는 일들을 명시하고 있다.

교단 초기에 「불법연구회규약」, 「불법연구회통치조단규약」, 「불법연구회회규」 등이 있었다. 원기 33(1948)년에 「원불교 교헌」이 제정 공포되었고, 이후로 몇 차례 개정되었다.

7. 원불교 성가

원불교 신앙과 수행의 기쁨을 나타내는 노래들로 구성되어 있다. 원불교 최초의 성가는 원기 18(1933)년경에 나온 '불법연구회 회가(성가 120장)'이다. 원기 48(1963)년에 성가 40곡과 부록 12곡의 『성가』를 발행 보급하였다. 원기 53(1968)년 개교반백년기념사업 중 교서발간사업의 하나로 126곡의 『원불교 성가』를 발행하였다. 그후 몇 차에 걸쳐 추가로 제정하였으며 앞으로도 제정될 것으로 여겨진다.

8. 대산종사 법어

대산 김대거 종사(이하 대산 종사라 칭함, 1914~1998)는 소태산 대종사와 정산 종사의 사상을 실천적으로 계승 발전시켰다. 대산종사 탄생 100주년을 기념하여 당대 제자들이 기록한 법문을 편찬하여 원기 99(2014)년에 발행하였다.

대산종사 법어는 총 15편 699장으로 제1 신심편, 제2 교리편, 제3 훈련편, 제4 적공편, 제5 법위편, 제6 회상편, 제7 공심편, 제8 운심편, 제9 동원편, 제10 정교편, 제11 교훈편, 제12 생사편, 제13 소요편, 제14 개벽편, 제15 경세편으로 구성되어 있다.

이상에서 설명한 8종 교서는 원불교인이라면 갖추어야 한다. 그리하여 본인의 신앙과 수행을 위하여 가장 가까운 곳에 정결하게 모시고 끊임없이 봉독하고 연마하여 실천하여야 한다.

| 새겨보는 문제 |

(가) 『원불교 교사』는 정산 종사가 저술한 「불법연구회□□□」를 토대로 하고, 개교반백년기념대회 때까지의 □□사를 기록하였다.
(나) 원불교 최초의 성가는 원기 18년경에 나온 '불법연구회 □□'이다.

V. 원불교 기초용어

1. 교단·교당용어

1) 교단(敎團)

종교를 신봉하는 동질적 집단 신자들의 조직으로서 종교의 목적을 달성하기 위하여 교조·교리·제도·의식·기구·교역자·교도 등 필요한 여러 여건을 갖추고 교화활동을 전개하는 종교 집단을 말한다.

원불교는 전라북도 익산에 원불교 중앙총부가 있다. 중앙총부에는 교단의 최고지도자인 종법사와 집무를 돕는 법무실, 교단 최고 의결기관인 수위단회, 교단의 행정기관인 교정원, 감찰기관인 감찰원 등이 있다.

2) 교구(敎區)

교단 행정과 교화활동을 효율적으로 추진하기 위하여 편의상 광역 행정구역단위의 여러 교당을 하나로 묶어 조직·운영되고 있다. 국내에는 현재 16개 교구(군종교구, 원산교구, 평양교구 포함)가 있으며, 국외에는 6개 교구(총부해외직할교구, 미주동부교구, 미주서부교구, 유럽교구, 일본교구, 중국교구)가 있다.

교구에는 교구장, 교구교의회, 교구상임위원회, 출가교역자협의회 등을 두어 교구 행정사항을 협의하고 결의한다. 교구 행정을 주관하기 위하여 교구사무국을 둔다.

3) 교당(敎堂)

원불교의 교리에 바탕 한 법회 등 각종 의식을 집행하는 곳으로써 교도들의 생활권에 두어 신앙과 수행을 돕는다.

교당에는 교도를 대표하는 교도회장이 있고, 교당의 중요 의결사항을 의결하는 교당교의회가 있다. 교당 대내외 활동 조직으로는 보은봉공 활동을 하는 봉공회가 있으며, 교당에 따라 청운회, 여성회 등이 있다.

| 새겨보는 문제 |

⑴ 원불교 중앙총부에는 종법사와 □□단회, 교단의 행정기관인 □□원과 감찰기관인 □□원 등이 있다.
⑵ 교구는 국내에 □□개 교구가 있으며, 국외에는 6개 교구가 있다.
⑶ 교도들에게 □□에 바탕 한 법회 등 각종 의식을 집행하는 곳으로서 교도들의 신앙과 수행을 돕는 곳이 □□이다.

4) 종법사(宗法師)

원불교 교단의 최고지도자에 대한 호칭으로 교단을 주재(主宰, 중심이 되어 맡아 처리함)하고 대표한다. 수위단회에서 선거하여 중앙교의회에서 추대된다. 종법사는 수위단회의 의장이 되며 임기는 6년으로 연임할 수 있다.

종법사의 사무를 보좌하기 위하여 법무실(法務室)을 두며 법무실장이 실무책임을 맡는다.

5) 상사(上師)

종법사를 역임하고 현직에서 은퇴한 큰 스승을 일컫는 말이다. 임기를 마치고 은퇴한 종법사는 자동적으로 상사가 되고, 현직 종법사에 준하여 예우한다.

원불교의 상사는 원기 79(1994)년 대산 김대거 종법사가 퇴임하고 상사로 있었으며, 제11~12대 좌산 이광정 종법사가 원기 91(2006)년 퇴임하고 상사로 있다.

6) 수위단회(首位團會)

교단의 삼권(교정·감찰·입법)분립에 있어서 순수한 입법기관의 기능을 갖는 교단의 최고 결의기관인 동시에 종법사의 권한에 관한 사항을 의결하는 종법사의 자문기관이며 교단의 최상위 교화단으로서 교단 지도체계의 중심이다.

정수위단원은 출가교역자와 중앙교의회 재가의원 등의 선거에 의해 남녀 각각 9인을 선출한다. 호법수위단원은 재가교도 남녀 각각 4인, 봉도수위단원은 전무출신 남녀 각각 4인으로 정수위단에서 선출한다.

| 새겨보는 문제 |

(가) 종법사는 원불교 교단을 대표하고 □□□회에서 선거하여 중앙교의회에서 □□된다.
(나) 수위단회는 교단의 순수한 □□기관으로 교단의 최고 결의기관이며 교단의 최상위 □□단이다.

7) 전무출신(專務出身)

일정 기간이나 또는 일생을 일체생령과 세상을 위하여 희생 봉사하기로 뜻을 세우고 원불교에 귀의한 출가교역자를 통칭하여 전무출신이라 한다.

교화를 비롯한 교단의 모든 분야에서 전무하는 교무(敎務), 교육·행정·자선·기술·의료 등 전문분야에서 전무하는 도무(道務), 근로·기능 등의 분야에서 전무하는 덕무(德務), 일정한 기간을 정하여 해당 기간 내에만 전무출신으로 봉직하는 기간제 전무출신이 있다.

교무는 현재 연배와 직책에 따라 교감교무, 주임교무, 보좌교무, 부교무로 다르게 부르고 있으나, '교무'로 통칭한다.

8) 교도(敎徒)

원불교에 입교하여 소정의 절차를 밟아 법명(法名, 입교하는 교도에게 주는 이름)을 받은 사람을 교도라 하고, 절차를 밟지 않았지만 교당에 나와서 법회를 보는 사람 또는 원불교의 믿음을 가지고 사는 사람을 신도(信徒)라 한다.

9) 거진출진(居塵出塵)

재가교도로서 원불교의 교리에 바탕을 둔 공부와 사업으로 교단에 공헌한 사람을 지칭한다.

10) 교화단(敎化團)

교화활동을 보다 원활하고 효율적으로 전개하기 위한 10인 1단의 교화조직을 말한다. 교화단은 단장·중앙 각 1인 및 8인의 단원으로 구성된다. 단장은 하늘을 상징하며, 중앙은 땅을 상징하고, 8인의 단원은 8방을 상징한다.

원기 2(1917)년 소태산 대종사가 조직한 것이 첫 교화단이다.

| 새겨보는 문제 |

(가) 전무출신에는 □무, □무, □무, 기간제 전무출신이 있다.
(나) 재가교도로서 교리에 바탕을 둔 공부와 사업으로 교단에 공헌한 사람을 □□출진이라 한다.
(다) 교화단의 단장은 □□을, 중앙은 □을, 8인의 단원은 □방을 상징한다.

2. 의식 용어

1) 봉불(奉佛)

봉불은 교당이나 가정 또는 직장에 일원상[○]을 봉안(奉安, 받들어 모심)하는 것을 말한다. 봉불을 하는 이유는 일원상을 신앙의 대상으로 하고 수행의 표본으로 하여 때때로 신앙과 수행의 표준을 잃지 않도록 하고 진리에 합일케 하자는 것이다.

원불교에 입교하여 교도가 되면 가정에 일원상을 봉안하는 것이 옳다.

2) 대각전(大覺殿)

일원상을 봉안한 법당(法堂)으로 교당의 중심이 되는 건물이다. 그 앞에 불단(佛壇)이 조성되어 신앙과 수행의 행위가 이루어지는 장소이다. 관례상 규모에 따라서 대법당 혹은 소법당으로 부르기도 한다.

원기 20(1935)년 익산 중앙총부에 대각전을 건립하면서 부터 대각전이란 말이 사용되기 시작하였다. 원불교의 대각전을 비교하면 사찰의 대웅전이나 대적광전과 같은 중심건물에 해당된다.

3) 불단(佛壇)

원불교 교당의 법당(대각전 등)에서 일원상을 모셔 놓은 단을 의미한다. 법당의 정면 중앙에 불단을 만들고 일원상을 모시며 향로·촛대·청수기·경상 등을 진열하여 장엄을 갖춘다. 모든 의식은 이 불단을 향하여 이루어짐을 원칙으로 한다.

| 새겨보는 문제 |

(가) 교당이나 가정 또는 직장에 일원상을 봉안함을 ☐☐이라 한다.
(나) 일원상을 봉안한 법당으로 교당의 중심이 되는 건물을 ☐☐☐이라 이름 한다.
(다) 일원상을 모셔놓은 단을 ☐☐이라 하며 모든 ☐☐은 불단을 향하여 이루어진다.

4) 교구(敎具)

원불교 교도가 신앙의 대상과 수행의 표본으로 모시는 일원상 앞, 즉 불단에는 향로·촛대·청수기·헌공함·경상·목탁·좌종 등이 있다. 이 모두를 교구라고 한다.

청수기는 맑은 물을 담는 그릇이며, 경상(經床)은 경전을 올려놓는 상이다.

5) 좌종(坐鍾)

놋쇠로 큰 주발과 같이 만들어 독경할 때나 각종 의식행사 때에 쳐서 소리를 내는 종이다.

좌종은 일반적으로 시작과 끝을 알릴 때 사용하지만 특히 천도재 때에 좌종을 치면 미(迷)한 영혼이 소리를 잘 알아들어 천도를 받는데 도움이 된다고 한다. 좌종을 경종이라고도 부르나 좌종이 바른 표현이다.

6) 목탁(木鐸)

목탁이란 목어(木魚)라는 말에서 유래가 되었다. 목탁은 불교에서 사용하던 악기의 하나로 잉어의 모양을 하고 있으며 속이 비어 있는 타원형 또는 원형의 나무이다.

원불교에서는 대중과 더불어 의식을 집행할 때 음률을 맞추기 위해 사용하는 의식도구이다.

7) 죽비(竹扉)

적당한 길이의 대나무를 3분의 2쯤 가운데를 타서 두 쪽으로 갈라지게 하고 나머지는 손잡이로 남겨놓은 것을 말한다.

원불교에서는 의식을 집행하는데 있어 시작과 끝을 알리는 의식도구로 사용된다. 대나무가 아닌 단단한 나무로 형태를 동일하게 만들어 사용하기도 한다.

8) 염주(念珠)·단주(短珠)·법고(法鼓)

염불이나 송주(誦呪, 주문을 외우는 것) 할 때에 사용하는 도구이다. 염주는 수행할 때 사용하는 도구로써 흐트러진 마음을 모으기 위해 사용하는데 108염주 등 갖가지 염주가 있다. 108염주보다 알의 수가 적게 꿰어 있는 것을 단주라 하나, 통상 염주라 부른다. 법고는 가죽으로 만든 북이다.

> | 새겨보는 문제 |
> (가) 불단에는 향로·촛대·청수기·헌공함·경상·목탁·좌종 등이 있다. 이 모두를 □□라고 한다.
> (나) 좌종은 시작과 끝을 알릴 때 사용하며 □□재 때에 영혼 □□를 위한 도구로 사용된다.

9) 합장(合掌)

합장은 두 손바닥을 합하는 행위를 뜻한다. 두 손을 합하듯이 몸과 마음을 모아 상대방에 대한 공경과 스스로에 대한 겸양으로 하는 인사법이다.

10) 입교(入敎)와 법명(法名)

입교란 원불교를 다니기로 뜻을 세우거나 약속을 하고 그 절차를 밟는 것을 뜻한다. 원불교 교도가 되고자 하는 사람은 연원(淵源, 입교할 때 이끌어 주는 사람)에 의하거나 스스로 '입교원서'를 원불교 교당이나 관계기관에 제출하여 법명이 나오면 입교식에서 법명과 보통급 10계문을 받는다.

11) 법호(法號)

원불교 교도 중에서 재가·출가 간에 공부와 사업에 큰 실적을 쌓은 교도에게 증여하는 별호(別號)이다.

소태산 대종사가 교단 초기 9인 제자에게 내린 것이 시초이다. 남자에게는 산(山)자 항렬, 여자에게는 타원(陀圓)이란 항렬이 붙는다.

12) 법훈(法勳)

원불교 교단의 창설과 발전에 많은 공적을 쌓은 교도에게 주는 법의 훈장이다. 종법사를 역임한 분과 출가위 이상의 법위를 가진 분에게 종사위(宗師位), 공부와 사업으로 교단에 많은 공적을 쌓은 출가교도에게 대봉도위(大奉道位), 재가교도에게 대호법위(大護法位)의 법훈을 증여한다.

13) 열반(涅槃)

열반의 참된 의미는 진리를 깨달아 모든 괴로움과 번뇌에서 벗어난 것을 의미한다. 그러나 사람이 한 생을 살고 마지막 숨을 거둔 상태 곧 사람이 죽은 것을 열반이라고도 한다.

열반은 멸(滅)·적멸(寂滅)·원적(圓寂)·멸도(滅度)·입적(入寂) 등으로 표현되기도 한다.

| 새겨보는 문제 |

(가) 원불교에 입교하여 교도가 된 사람에게 주는 이름을 □□이라 한다.
(나) 법호는 남자에게는 산(□)자, 여자에게는 □□(陀圓)이란 항렬이 붙는다.
(다) 열반의 참된 의미는 □□를 깨달아 모든 괴로움과 □□에서 벗어난 것을 의미한다.

3. 교리 용어

1) 사은(四恩)

사은이란 원불교 신앙문에 속한 네 가지 큰 은혜로 천지은(天地恩)·부모은(父母恩)·동포은(同胞恩)·법률은(法律恩)을 말한다. 사은은 진리의 형상 있는 면을 중심으로 하여 분류한 것으로 세상과 생령을 건지는 윤리이다. 소태산 대종사는 사은이 은혜 됨의 이유를 '없어서는 살 수 없는 관계'이기 때문이라 하였다.

불교에 있어서 사은(四恩)은 부모·국왕·중생·삼보의 은혜, 또는 부모·사장(師長)·국왕·시주(施主)의 은혜이다.

2) 사요(四要)

사요란 평등의 윤리로써 평등세계를 건설해 가는 방법이다. 인류사회를 향상 발전시켜 가기 위해서 인류가 함께 실천해 가야 할 네 가지 요긴한 덕목으로, 자력양성(自力養成)·지자본위(智者本位)·타자녀교육(他子女敎育)·공도자숭배(公道者崇拜)를 말한다(『정전』 제2 교의편 '사요' 편 참조).

3) 감사생활(感謝生活)

사은(四恩)은 없어서는 살 수 없는 근원적인 은혜로 즐거운 일이나, 슬픈 일이나, 괴로운 일 등 어떠한 경우를 당할 지라도 은혜를 발견하여 감사하는 마음으로 살아가는 것이 원불교 교도의 생활 자세이다.

원망은 서로의 인연이 상극으로 변하는 일이고 서로가 해독을 받는 결과를 초래하기 때문에 모든 인연이 상생하는 길은 감사생활을 하는 것이다.

4) 삼학(三學)

삼학이란 원불교의 대표적 수행 교리 가운데 하나로 부처의 인격에 이르도록 하는 세 가지 길이다. 정신수양(精神修養)·사리연구(事理研究)·작업취사(作業取捨)를 말한다(『정전』 제2 교의편 '삼학'편 참조).

5) 팔조(八條)

삼학수행의 원동력이 되는 신·분·의·성(信·忿·疑·誠)의 진행(進行) 4조와, 삼학수행을 방해하는 불신·탐욕·나·우(不信·貪慾·懶·愚)의 사연(捨捐) 4조를 합하여 팔조라 한다.

진행 4조는 삼학수행을 촉진하기 위한 조항이요, 사연 4조는 방해가 되기 때문에 반드시 버려야 할 조항이다. 진행 4조를 갖게 되면 사연 4조는 자연히 없어지게 되고, 사연 4조를 없애면 진행 4조가 생겨나게 된다(『정전』 제2 교의편 '팔조'편 참조).

| 새겨보는 문제 |

(가) 사□(四□)이란 진리의 □□있는 면을 중심하여 네 가지로 분류한 것이다.

(나) 사요는 자력양성·□□본위·타자녀□□·□□□숭배를 말한다.

(다) 삼학이란 정신수양(□□修養)·사리□□(事理研究)·작업취사(□□取捨)이다.

(라) 팔조란 □·분·의·□, 불신·□□·나·우를 말한다.

6) 원기(圓紀)

원기란 원불교의 기원(紀元)을 말한다. 소태산 대종사가 1916년에 일원의 진리를 깨닫고 원불교의 문을 연 때가 원기 1년이 된다.

7) 개벽(開闢)

개벽이라는 말은 세계가 처음 열리는 것을 말한다. 또한 낡은 질서의 선천시대가 물러가고 후천시대가 등장한다는 말이다. 흔히 천개지벽(天開地闢)이라 풀이한다. 천개(天開)는 정신개벽 곧 도덕문명을 의미하고, 지벽(地闢)은 물질개벽 곧 과학문명을 말한다.

중국의 『삼황기(三皇記)』에서 부터 개벽이라는 말이 사용되어

왔다. 그러나 우리나라에서 개벽이라는 말을 종교의 문제로 삼게 된 것은 동학의 수운 최제우에서 비롯된다.

소태산 대종사는 개벽사상에 입각하여 개교표어를 내세우게 되었으며, 도덕문명으로써 심낙원(心樂園)을 건설하고, 과학문명으로써 신낙원(身樂園)을 건설하여 지상낙원을 이룩하려는 것이 원불교의 개벽사상이다.

8) 윤회(輪廻)

이 세상의 모든 것은 어느 것이나 아주 없어져 버리는 것이 아니라 수레바퀴처럼 끝없이 돌고 돈다는 뜻이다.

중생들은 해탈을 얻을 때까지 아득한 과거로부터 무한한 미래에까지 각자의 지은 업인(業因, 업의 원인)에 따라 생사(生死)의 수레바퀴로 육도세계를 끝없이 윤회하게 된다.

윤회설은 고대 인도의 우파니샤드 시대로부터 전해 내려와 불교사상의 핵심이 되었다.

9) 참회(懺悔)

참(懺)은 이미 지은 죄업을 진심으로 뉘우치는 것이며, 회(悔)는 앞으로 죄업을 또 다시 짓지 않겠다고 맹세하고 약속하는 것이다.

| 새겨보는 문제 |

(가) 원기란 원불교의 □□을 말한다.
(나) 원불교의 개벽사상은 □□문명으로써 심낙원을 건설하고, 과학□□으로써 신낙원을 건설하려는 것이다.
(다) 지은 업인에 따라 □□의 수레바퀴로 □□세계를 끝없이 윤회하게 된다.
(라) 참회의 참은 지은 □□을 진심으로 뉘우치는 것이며, 회는 앞으로 죄업을 또 다시 짓지 않겠다고 □□하는 것이다.

10) 진급·강급(進級·降級)

진급과 강급은 서로 상대되는 말이다. 진급이란 '올라간다.'는 의미이며 앞으로 나아간다는 뜻으로 현재보다 발전하여 가는 것을 말한다. 강급이란 '떨어진다.'는 의미이며 퇴보한다는 의미로 현상보다 못하여 가는 것을 말한다. 다시 말하면 악도에서 선도로 발전해 가는 것이 진급, 선도에서 악도로 타락하는 것이 강급이다.

11) 육도(六道, 六途)

육도란 인간이나 생명을 가진 존재들이 정신과 육신을 통하여 지은 바 업연(業緣, 업보를 불러오는 인연)에 따라 그 과보로 나타난 세계를 여섯 등분하여 본 것으로 천도·인도·수라·축생·아귀·지옥을 말한다.

천도(天道)는 수양과 선행을 쌓아 복락을 짓고 죄고가 적은 사람이 태어나는 세계이며, 인도(人道)는 고락과 죄복이 반절씩 되는 사람이 태어나는 인간의 세계이며, 수라(修羅)는 시기·질투가 가득 찬 사람이 태어나는 잡귀의 세계이며, 축생(畜生)은 살·도·음 같은 무거운 계문을 범한 사람이 태어나는 동물의 세계이며, 아귀(餓鬼)는 탐욕심이 많은 사람이 태어나는 귀신과 도깨비의 세계이며, 지옥(地獄)은 죄업이 많은 사람이 태어나는 광명이 없는 암흑과 고통의 세계이다.

육도세계를 생활상태 또는 마음의 변화 상태에 따라 여섯 가지로 나누어 생각하는 경우도 있다.

12) 사생(四生)

생명이 있는 모든 중생을 네 가지로 분류한 것이며, 생물이 몸을 받아 이 세상에 태어나는 과정을 네 가지로 구분한 것이다. 네 가지는 태생·난생·습생·화생을 말하며, 이를 태란습화(胎卵濕化)라 표현하기도 한다.

태생(胎生)은 사람이나 축생과 같이 모태(母胎)에서 태어나는 것이며, 난생(卵生)은 새나 물고기 같이 알로 태어나는 것이며, 습생(濕生)은 지렁이나 벌레나 곤충과 같이 습한 곳에서 태어나는 것을 말하며, 화생(化生)은 벌레가 변하여 나비가 되는 것 같이 형태를 변화하여 태어나는 것을 말한다.

13) 인연(因緣)

인(因)이란 결과를 가져오는 데 직접적인 힘이 되는 것을 말하고, 연(緣)이란 결과를 가져오는 데 간접적인 힘이 되는 것을 뜻한다.

인연이란 서로의 관계를 말하며 그 나타나는 성질을 따라서 인연이 구분되어지기도 한다.

14) 인과(因果)

우주 만유의 일체의 현상은 상대적 의존관계에서 이루어진다고 보는 불교의 입장으로 모든 인(因)은 연(緣)을 매개로 하여 과(果)를 맺게 되고, 모든 과는 인에 연속되어 있으며, 일체의 우연이라는 것은 인정하지 않는다.

원불교의 인과사상은 불교의 인과설을 거의 그대로 수용하고 있다.

| 새겨보는 문제 |

(가) 육도란 곧 천도·□□·수라·축생·아귀·□□을 의미한다.
(나) 다음 사생이 서로 관련된 것을 연결하시오.
　　㉠ 태생 ○　　○ 지렁이·벌레
　　㉡ 난생 ○　　○ 나비
　　㉢ 습생 ○　　○ 사람·축생
　　㉣ 화생 ○　　○ 새·물고기
(다) 모든 □(因)은 연(緣)을 □□로 하여 □(果)를 맺게 되고, 모든 과는 인에 연속되어 있다.

15) 부처[佛]

일원상의 진리를 크게 깨쳐 일원의 위력을 얻고 일원의 체성에 합한 성자, 삼학병진 수행으로 삼대력을 얻어 만능·만덕을 얻은 수행자를 말한다.

불교에서는 불교의 교조인 석가모니불 또는 불교에서 추구하는 이상적인 인간상을 말한다. 또는 절에 모신 불상을 일컫기도 한다.

16) 대각(大覺)

일원의 진리를 크고 원만하고 바르게 깨치는 것으로 대원정각(大圓正覺)의 준말이다. 인과보응의 이치와 불생불멸의 진리를 확실하게 깨치는 것이며 대소유무의 이치와 시비이해의 일을 분명하게 깨치는 것이다.

부처의 다른 이름으로 스스로 깨닫고 남을 깨닫게 하므로 대각이라 한다.

17) 성불제중(成佛濟衆)

성불은 '부처를 이룬다.'는 것이며, 제중은 '중생을 건진다.'는 말이다. 이는 원불교인이 공통적으로 목적하는 최고의 이상이다. 진리를 깨쳐 부처를 이루고 자비 방편을 베풀어 일체중생을 고해에서 구제하는 것으로 제생의세(濟生醫世, 자기 스스로를 제도하고, 병든 세상을 구제한다)와 같은 뜻이다.

불교 수행자의 구경 목적인 상구보리(上求菩提, 위로는 깨달음[성불]을 구한다.) 하와중생(下化衆生, 아래로 중생을 제도[제중]한다)과도 같은 뜻이다.

18) 제불조사(諸佛祖師)

시방 삼세의 모든 부처님과 조사를 말한다. 제불제성(諸佛諸聖)이라는 말은 모든 종교의 성자를 의미하고, 제불조사는 불교에 한정시켜 표현하는 말이다.

19) 범부중생(凡夫衆生)

생명이 있는 것으로써 진리를 깨닫지 못한 대상 또는 보통사람을 범부와 중생이라 한다.

범부는 지혜가 얕고 우둔한 중생을 말하며, 중생은 불보살의 구제의 대상이 되는 모든 인간, 또는 일체 생물을 말한다.

20) 게송(偈頌)

경·론(經論) 가운데 귀글[句]로써 조사(祖師)나 고승대덕(高僧大德)들이 수행 정진하여 깨달은 진리를 요약 표현해서 후학(後學)들에게 법을 전해준 것을 말한다.

소태산 대종사는 원기 26(1941)년에 전법게송을 설하였으며, 정산 종사는 원기 47(1962)년에 삼동윤리(동원도리·동기연계·동척사업)를 게송으로 설하였다. 게송에는 법을 전해주는 전법게송, 열반할 때 생사에 관한 법문을 설하는 열반송, 도를 깨친 경지를 표현한 오도송(悟道頌) 등이 있다.

| 새겨보는 문제 |

(가) 대각은 진리를 크고 원만하고 바르게 깨치는 대원□□의 준말이다.
(나) 성불은 □□를 이룬다는 것, 제중은 □□을 건진다는 말이다.
(다) 법을 전해주는 □□게송, 열반할 때 설하는 □□송, 도를 깨친 경지를 표현할 □□송 등이 있다.

Ⅵ. 원불교 성지

1. 영산성지

영산성지(靈山聖地)는 전라남도 영광군 백수읍 길룡리에 위치하며, 소태산 대종사가 탄생·구도·깨달음을 얻고 원불교 교문을 연 원불교의 발상지로 근원성지이다.

소태산 대종사는 깨달음을 얻은 후 원불교 창립을 위해 따르는 인연들 중에 진실하고 신심 깊은 9인을 표준제자로 내정하였다.

이후 영산성지에서 표준제자를 중심으로 교화단을 조직하고 빈곤탈피와 생활혁신을 위하여 실시한 저축조합운동은 우리나라 저축조합운동의 시초가 되었으며, 간척공사(방언공사)로 만든 3만여 평의 농지조성과 공도를 위해 천지신명께 기도를 올려 백지혈인(白指血印)의 기적을 보인 법인기도는 원불교 창립정신의 표본이 되었다.

영산성지와 주위에는 소태산 대종사의 탄생과 구도역정, 깨달음을 비롯하여 교단 초기의 각종 행적으로 최초의 설법지인 이씨재각 터, 바다를 막은 정관평, 최초의 교당이었던 구간도실 터, 영산원, 법인기도봉, 원기 96(2011)년 근대문화유산 등록문화재 제481호로 등재된 영산대각전 등이 있다.

영산성지에는 성지를 수호 관리하는 중앙총부영산사무소, 원불교 성직자를 양성하는 영산선학대학교, 교화를 담당하는 영산교당, 대안학교인 영산성지고등학교, 창립의 역사를 전시한 원불교 창립관, 원불교100주년 기념으로 건립한 영광국제마음훈련원 등이 있다.

| 새겨보는 문제 |

(가) 영산성지는 소태산 대종사가 □□하여 구도의 고행을 통해 진리를 깨닫고 □□을 연 원불교의 □□성지이다.
(나) 영산성지는 전라남도 □□군 백수읍 □□리에 위치해 있다.

2. 변산성지

변산성지(邊山聖地)는 전라북도 부안군 변산면 중계리 내변산에 위치하며 교법을 제정한 성지[制法聖地]이다.

소태산 대종사가 원기 4(1919)년 전라남도 영광에서 방언공사가 마무리 될 즈음에 영광경찰서에서 1주일간 조사를 받고 나와 변산 월명암을 찾게 된 것이 부안 변산과 첫 인연이다. 그 해 8월말 정산 종사를 먼저 월명암으로 보내고 소태산 대종사는 12월말에 변산으로 입산하였다.

소태산 대종사는 변산 봉래정사에서 4년간 머무르며 원불교 교리의 강령인 사은사요와 삼학팔조를 제정 발표하고 『조선불교혁신론』과 『수양연구요론』을 초안하였다. 또한 여러 인연들을 만나 총부건설을 준비하며 제자들에게 많은 법문을 설하였다. 봉래정사(蓬萊精舍)란 실상초당과 석두암을 합하여 부르는 이름이다.

변산성지에는 교리강령을 제정한 실상초당 터와 회상 공개를 준비하였던 석두암 터, 당시 사용했던 용두샘, 법인기도를 해제한 쌍선봉, 자주 산책했던 봉래곡 등이 있다.

변산반도에는 변산성지를 수호 관리하는 내변산의 변산원광선원과 외변산의 하섬해상훈련원, 교화를 담당하는 변산교당이 있다.

| 새겨보는 문제 |

(가) 소태산 대종사는 봉래정사에서 회상의 □□인 사은□□와 삼학팔조를 제정 발표하였다.

(나) 소태산 대종사는 봉래정사에서 『조선□□혁신론』과 『수양□□요론』을 초안하였다.

3. 익산성지

익산성지(益山聖地)는 전라북도 익산시 신룡동에 위치하며 소태산 대종사가 법을 전한 성지[轉法聖地]이다.

소태산 대종사는 변산에서 교법을 제정한 후, 원기 9(1924)년 이리 보광사에서 '불법연구회' 창립총회를 열어 회상을 내외에 공개하였다. 그해 말 총부건설이 시작되면서 전무출신의 주경야독 공동체생활이 시작되었다.

익산성지는 소태산 대종사가 원기 28(1943)년 열반할 때까지 교화경륜을 폈던 곳으로 소태산 대종사와 총부건설 당시 선진들의 역사가 스며있다. 곳곳에 훈련, 공동생활 등의 목적으로 건립된 총부건설 최초의 건물인 도치원, 소태산 대종사의 조실이었던 금강원과 종법실, 대중모임과 선방이었던 공회당, 일원상을 최초로 신앙의 대상과 수행의 표본으로 모셨던 대각전,

원불교역사박물관 등 각종 사적과 유물, 사료들이 보존되어 있다.

이외에도 익산성지에는 원불교 중앙총부가 위치해 있어 교단의 최고지도자인 종법사가 머무는 종법원, 행정기관과 감찰기관 등이 자리하고 있으며, 주위에는 교육기관인 원광대학교 등 각종 중심기관이 있다.

원기 90(2005)년 건축물인 대각전·청하원·구정원·정신원·본원실(도치원)·금강원·종법실·공회당과 조형물인 소태산 대종사 성탑·소태산 대종사 성비를 근대문화유산 등록문화재 제179호로 등재하였다.

| 새겨보는 문제 |

(가) 익산성지는 전라북도 익산시 신룡동에 위치하며 □을 전한 □□이다.
(나) 익산성지는 소태산 대종사가 원기 □□년 열반할 때까지 □□경륜을 폈던 곳이다.

4. 만덕산성지

만덕산성지(萬德山聖地)는 전라북도 진안군 성수면 중길리 만덕산 남쪽 기슭 8부 능선에 위치하고 있다.

원불교가 만덕산과 인연을 맺게 된 것은 원기 6(1921)년 변산 봉래정사에서 정산 종사가 소태산 대종사로부터 "어디든지 네 발걸음 내키는 대로 가보아라."는 말씀을 받들고 길을 떠나 만덕산 북쪽에 있는 미륵사에서 겨울 한 철을 지내면서부터이다.

미륵사 화주인 최도화가 정산 종사를 만난 후 정산 종사가 미륵사를 떠나자, 정산 종사를 찾아 봉래정사까지 왔다가 소태산 대종사의 제자가 되었다. 그후 소태산 대종사가 만덕산 만덕암(초선 터)에서 최도화의 주선으로 원기 7(1922)년 말부터 3개월을 머물렀다.

그후 소태산 대종사는 원기 9(1924)년 '불법연구회' 창립총회를 마치고 만덕암을 다시 찾아 12명의 제자와 한 달 동안 선회를 열었다. 이를 만덕산 초선회(初禪會)라 한다. 이때 11세의 대산 종사가 입선하여 소태산 대종사, 정산 종사와 처음 만났다.

원불교에서는 만덕암이 자리했던 터를 초선 터, 초선 터 일대를 만덕산성지라 부른다.

만덕산성지 주위에는 성지를 수호 관리하는 만덕산훈련원과 좌포리에 대산 종사 탄생가 등이 있다.

| 새겨보는 문제 |
(가) 만덕산성지는 전라북도 □□군 성수면 중길리 만덕산 □□기슭 8부 능선에 위치하고 있다.
(나) 소태산 대종사가 만덕암에서 □□명의 제자와 한 달 동안 □회를 열었다.

5. 성주성지

성주성지(星州聖地)는 경상북도 성주군 초전면 소성리에 위치하며 원불교 2세 종법사인 정산 종사와 아우인 주산 송도성 종사가 태어나고 구도를 시작한 곳이다.

성주성지에는 정산 종사와 주산 종사가 태어난 구성마을, 성장 터인 소야마을, 구도 터인 박실마을이 있다.

정산 종사는 조부로부터 한학을 공부하며 10세를 전후해서 큰 서원을 세웠다. 아랫마을인 소야마을로 이사하여 13세에 결혼한 후 박실마을로 이사하여 거북바위에서 기도하는 등 본격적인 구도생활을 시작하였다. 정산 종사는 스승을 찾아 전라도로 와서 많은 곳을 다니며 구도하던 중 원기 3(1918)년 봄에 소태산 대종사를 만나 제자가 되었다.

원기 4(1919)년 전 가족이 정산 종사를 따라 전라남도 영광으로 이사하면서 박실마을 집을 주민에게 팔았다. 그후 주민이 거주하다가 오랜 세월 빈터로 전해왔다. 교단에서 매입하여 원기 69(1984)년 '소성구도지(韶成求道地)'비를 세워 내력을 밝혔다. 원기 79(1994)년에는 정산 종사 탄생가를 매입하여 해체 복원하였고, 정산 종사의 탄생100주년 기념사업으로 원기 85(2000)년 박실마을 옛 집터에 기도실 원불당을, 박실마을 입구에 대각전을 건축하였다.

| 새겨보는 문제 |

(가) 성주성지에는 정산 종사 탄생가가 있는 □□마을, 성장지인 □□마을, 구도지인 □□마을이 있다.
(나) 정산 종사는 □□세에 결혼한 후 박실마을로 이사하여 본격적인 □□가 시작되었다.

제2부
원불교 초기교단의 인물

Ⅰ. 소태산 대종사와 후계 종법사

1. 소태산 박중빈 대종사

1) 영촌에서 태어나다

원불교 교조인 소태산 박중빈 대종사(少太山朴重彬大宗師, 이하 소태산 대종사라 칭함)는 서기 1891년 5월 5일, 전라남도 영광군 백수읍 길룡리 영촌에서 회산 박회경 선생과 정타원 유정천 여사의 4남 2녀 가운데 3남으로 탄생하였다.

소태산 대종사의 어릴 때 이름은 진섭(鎭燮), 결혼 후에는 자(字)를 처화(處化), 진리를 깨달은 후 스스로 중빈(重彬)이라 썼다.

2) 도를 구하기 시작하다

① 하늘을 보고 의문이 일다

소태산 대종사가 처음 진리에 대한 의문을 갖게 된 것은 7세 때의 일이다.

화창한 어느 날 문득 '저 하늘은 얼마나 높고 큰 것이며, 어찌하여 저렇게 깨끗하게 보이는 고' 하는 의문을 가진 뒤, 이어 '저와 같이 깨끗한 하늘에서 우연히 바람이 일고 구름이 일어나니, 그 바람과 구름은 또한 어떻게 일어나는 것인가.' 하는 천지에 대한 의문을 품었다. 그 의문이 점점 깊어 9세경에 이르러는 자신의 일로부터 주변의 인연관계 등 모든 것에 의문이 나기 시작하였다.

이렇듯 많은 의문을 가지고 그 의문을 풀어보고자 노심초사 하던 중 11세 되던 가을, 아버지를 따라 영광군 군서면에 있는 선산에서 열리는 묘제(墓祭)에 참석하게 되었다. 그런데 소태산 대종사는 여기에서 또 하나의 의문을 가지게 되었다.

묘제에 참석한 모든 사람들이 선조에게 제사를 지내지 않고 먼저 산신(山神)에게 제사를 지내는 일이었다. 소태산 대종사는 묘제에 참석한 친족 가운데 가장 학식이 있다는 어른으로부터 "산신은 산의 주인이시며 산에서 일어나는 모든 일들을 주관하고 신령스런 능력을 가지고 있기 때문이란다."라는 이야기를 듣고 '지금까지 내가 가지고 있는 의문을 산신령님에게 물어 본다면 해결할 수 있겠구나.' 하고 생각했다.

② 산신을 만나기 위해 기도하다

어린 소태산 대종사는 묘제가 있었던 그후부터 부모 몰래 집에서 약 3km 떨어져 있는 구수산 삼밭재 마당바위에 올라 기도를 시작하였다. 얼마 후 소태산 대종사의 뜻을 알게 된 부모님은 구도생활에 적극적으로 도움을 주었다.

어린 소태산 대종사는 산신을 만나기 위한 일념으로 삼밭재 마당바위를 오르내리며 기도하였다. 오랜 세월 비가 오나 눈이 오나 철따라 과일을 채집하고 또는 집안에 음식이 있으면 가지고 올라가 기도를 올렸다. 세월이 흘러 15세 되던 해 가을이었다.

끊임없는 기도에도 산신은 나타나지 않았지만 이에 절망하지 않고 기도를 계속하던 중 부모님의 뜻에 따라 당시 같은 면내의 홍곡리에 사는 제주 양(梁)씨 집안의 딸 '하운(夏雲)'과 결혼하게 되었다.

결혼한 후에도 기도를 쉬지 않았던 소태산 대종사는 이듬해 새해를 맞아 부인과 함께 홍곡리에 있는 처가에 새해 인사를 갔다.

홍곡리에서 며칠 지내던 어느 날, 소태산 대종사는 낭랑한 목소리로 밤마다 읽어주는 『조웅전(趙雄傳)』이라는 책의 내용을 듣다가 주인공 조웅(趙雄)이 도사(道士)를 만나 자신이 품었던 뜻을 이루는 대목을 듣고 새로운 마음이 일어나게 되었다.

소태산 대종사는 '그렇다. 산신은 사실적인 인물이 아니기 때문에 만나기가 어렵지만 도사는 사람이기 때문에 쉽게 만날 수 있겠지'라는 생각에 서둘러 집으로 돌아왔다. 그리고 그날부터 도사 찾기에 정성을 들이기 시작하였다.

| 새겨보는 문제 |

(가) 소태산 대종사의 최초 의문은 □세 때에 □□에 대한 의문에서부터 시작되었다.
(나) 구수산 □□재 마당바위에서 산신을 만나고자 □□하였다.
(다) 처가에 새해 인사를 갔다가 고대□□ 읽는 소리를 듣고 □□를 만나고자 하였다.

③ 도사를 찾아 나서다

소태산 대종사가 처가의 사랑방에서 들은 『조웅전』 속에 나오는 도사는 인간이 생각하기 어려운 신통력이 있고, 모든 것을 모르는 바 없는 신과 같은 존재이며, 그 모습은 마치 걸인과 같아서 보통 사람의 눈에는 잘 뜨이지 않는 사람으로 그려져 있었다.

길을 가다가 마주치는 사람이 보통 사람과 조금만 다른 점이 있어 보이면 곧 물음을 건네어 보고 대화를 나눠 보기를 서슴지 않았다. 도사를 만난다는 것은 용이한 일이 아니었다.

소태산 대종사가 도사를 만나려고 정성을 바치는 가운데 있었던 일화가 몇 가지 전해진다.

하루는 소태산 대종사가 어느 술집 앞을 지나는데 한 걸인이 주막 벽에 쓰인 제갈공명의 시(詩) '대몽수선각(大夢誰先覺, 큰 꿈을 누가 먼저 깨칠 것인가) 평생아자지(平生我自知, 내 평생 스스로 알리라)'를 큰 소리로 낭독함을 보고, 혹시 저 걸인이 도사가 아닐까 하여 집으로 인도하여 식사를 대접한 뒤 이야기를 건네어 보았으나 평범한 걸인 이상이 아니었다.

또 한 번은 스스로 도사라 하고, 사람들도 도사라고 일컫는 사람을 모시게 되었다. 도사는 소태산 대종사의 부친과 소태산 대종사를 만나자 두 가지 조건을 제시하였다.

하나는 '자기 자신을 스승으로 대하고 예(禮)를 올리라.'는 것이었고, 또 한 가지는 '그 공부에 착수하기로 하면 먼저 집에서 사육하는 소 한 마리를 폐백(제자가 처음 뵙는 선생에게 올리는 예물)으로 줄 수 있는가.' 하는 것이었다.

소태산 대종사의 부모님은 도사를 향하여 두 가지 사항을 모두 이행할 것을 약속하고 그 도사를 뒷바라지 하였다.

도사는 이틀 밤낮을 통하여 숨 쉴 틈도 없이 모든 뜻을 이루어 준다는 자신이 모시는 신장(神將)을 불렀지만 신장은 나타나지 않았다. 당황한 도사는 몇 가지 사항을 더 요구하여 열심히 신장을 불렀지만 종래 신장이 나타나지 않자 3일째 되던 밤에는 어둠을 이용하여 달아나 버렸다.

소태산 대종사가 20세 되던 10월, 후원자이고 자신을 가장 잘 이해하여 주었던 부친이 열반하였다. 도사를 만나지 못해 애타던 소태산 대종사의 구도생활에 커다란 충격이 아닐 수 없었다.

그때부터는 가족을 책임져야만 하고 물려받은 부채를 갚아야하는 부담까지 가지게 되었다. 설상가상으로 나라가 일본에 합방(合邦)되어 내적으로는 구도와 생활의 문제로, 외적으로는 시대가 안겨 주는 괴로움으로 나날을 보내야 했다.

| 새겨보는 문제 |

⑴ 소태산 대종사는 16세부터 □□를 찾아 헤매었다.
⑵ 한 걸인이 주막 벽에 쓰인 시를 보고 낭독한 '대몽수선각 □□아자지(大夢誰先覺 平生我自知)'는 □□공명의 시이다.

④ 이 일을 장차 어찌할꼬

소태산 대종사는 구도와 생활의 괴로움 속에서도 부친으로부터 물려받은 부채를 청산하기 위해 장사를 했다.

22세부터는 산신을 만나는 일과 스승을 찾는 일이 한갓 부질없는 것이고 허망한 것임을 느끼기 시작하여 스스로 의문을 해결해야 한다는 것에 대한 걱정이 깊어졌고, '내 이 일을 장차 어찌할꼬.' 하는 하나의 의문으로 이어졌다.

구도에 대한 열정으로 고창 연화봉 초당에 가서 한 겨울에 3개월여의 적공을 하고 돌아왔다. 연화봉 적공에서 큰 힘을 얻는 계기도 되었지만 몸에 해수병(咳嗽病, 기침을 심하게 하는 병)을 얻기도 하였다. 그후부터는 길을 가다가 망연히 서 있는가 하면 밥상을 대해도 식사를 하지 않고 정신을 잃은 사람마냥 가만히 앉아 있기가 일쑤였다. 이렇듯 초점 없는 듯한 생활이 계속될 때 일어난 일화는 한둘이 아녔다.

어느 날이었다. 법성포라는 곳으로 장을 보러 아침 식후에 출발하였다. 장에 가다가 나루터인 선진포(仙津浦)에서 우두커니 서 있었다. 장을 다녀오던 마을 사람들이 "여보게! 자네 이곳에서 지금까지 무엇을 하고 있는가?" 하는 소리에 놀라 깨어 보니 벌써 오후가 되었다.

이처럼 시간과 장소를 잊고 세월을 보내다 25세 되던 해부터는 오로지 묵연히 앉아서 지내는 시간이 많아졌다. 이때부터 몸에 있던 종기와 연화봉에서 얻은 해수병이 더 심해져 심신간에 괴로움을 겪게 되었으나 결코 그것이 문제가 되는 것은 아니었다.

인근의 주민들은 소태산 대종사의 이런 모습을 보고 몹쓸 병에 들었다고 가까이하기를 꺼렸다. 나중에는 하나같이 폐인으로 낙인찍고 혹은 병이 옮지나 않을까 염려하여 집 주변에 가는 것마저 기피했다. 그뿐만 아니라 진리에 대한 의문 하나로 일관된 생활을 하다 보니 가정을 돌보지 못하였다. 그에 따라 구도하며 지내는 집(노루목 집)이 비만 오면 방안에 빗물이 가득 고이기까지 하였다.

이런 생활을 계속하는 가운데 소태산 대종사는 26세 되던 1916년(병진년) 봄을 맞이하였다.

| 새겨보는 문제 |

(가) 소태산 대종사는 고창 □□봉 초당에서 3개월여의 적공을 하면서 얻은 병이 □□□이다.
(나) 법성포 장에 가다가 □□□에서 □□커니 서 있었다.

3) 큰 깨달음[大覺]을 얻다

1916년 4월 28일 새벽이었다. 간밤에 묵연히 앉아 입정(入定, 선정에 들어가는 것)에 들었던 소태산 대종사는 새벽이 되자 자신도 모를 정도로 정신이 맑아져 왔다.

어릴 적부터 많은 의문이 생기기 시작하여 시간과 장소를 잊은 채 지내기 몇 년, 진리에 대한 의문을 일으킨 20여 년 만에 처음으로 느껴보는 정신의 환희였다.

소태산 대종사는 기쁜 마음을 가눌 수 없어 방 밖으로 나오니 하늘에 여명이 트기 시작하고 있었다. 순간, 자신의 어지러운 모습을 느끼고 몸을 씻어야겠다는 마음도 갖게 되었다. 그 후 어릴 적부터 의문 되었던 문제를 생각하니 모두가 확연히 알아지는 것이었다. 형용할 수 없는 기쁨이었다.

이른바 20여 년간 온갖 정성을 다하여 얻고자 한 깨달음[大覺]의 경지에 이른 것이다. 이날이 바로 소태산 대종사의 26세 되던 1916년 4월 28일 이었다.

  소태산 대종사는 깨달음의 진리를 "만유(萬有)가 한 체성(體性)이며, 만법(萬法)이 한 근원(根源)이로다. 이 가운데 생멸(生滅) 없는 도(道)와 인과보응(因果報應)되는 이치(理致)가 서로 바탕하여 한 두렷한 기틀을 지었도다(『대종경』 서품 1장)."라고 하였다.

  그리고 깨달음의 심경을 "청풍월상시(淸風月上時)에 만상자연명(萬像自然明)이라(『대종경』 성리품 1장)" 하였다. '맑은 바람 솔솔 불고 밝은 달 두둥실 떠오르니, 우주의 대소유무와 인생의 시비이해가 저절로 훤히 밝고 밝게 드러나더라.'는 뜻이다.

| 새겨보는 문제 |

(가) 소태산 대종사가 깨달음을 얻은 때는 26세 되던 1916년 □월 □□일 이다.

(나) 깨달음의 심경인 '청풍월상시(□□□□) 만상자연명(□□□□)'의 한자를 찾아 넣으시오.
보기) 像 風 然 上 萬 自 月 明 淸 時

4) 회상 건설을 시작하다

① 표준제자를 정하다

깨달음[大覺]의 경지에 오른 소태산 대종사는 예전의 모습과 같지 아니하였다. 덕스러움과 위엄이 겸하여졌고 신체의 각 부위에서는 빛을 발하였다. 이렇듯 큰 변화를 본 사람들이 하나 둘 소태산 대종사를 찾게 되었다. 그 중 첫 번째 제자는 소태산 대종사보다 12살 연상으로 이웃 범현동에 살며 소태산 대종사가 깨달음을 얻기 전 생활과 구도에 도움을 준 김광선이다. 그 후 몇 개월이 지나자 휘하에는 40여 명이 모이게 되었다.

제자를 얻은 소태산 대종사는 그 가운데 진실하고 믿음이 독실한 여덟 사람을 뽑아 표준제자로 삼고 깨달음의 세계를 조금씩 펴기 시작하였다.

제자들의 공부 정도로는 소태산 대종사의 깨달음의 세계를 이해하기에는 미치지 못하였지만 여덟 명의 표준제자인 이재철·이순순·김기천·오창건·박세철·박동국·유건·김광선은 소태산 대종사에게 마음과 몸을 다하여 혈심(血心)으로 신성(信誠)을 바쳤다.

② 단을 조직하다

원기 2(1917)년 소태산 대종사는 이미 선정한 여덟 제자를 중심으로 시작하여 세계를 건지고 생령을 건지기 위하여 세계 인류를 하나의 조직으로 엮는 방법을 단(團)으로 할 것을 결정하였다.

그 단은 소태산 대종사가 스스로 단장(團長)이 되고 여덟 제자를 단원(團員)으로 하며 중앙(中央)의 한 자리는 비워 놓은 채 10인 1단의 단을 조직하였다.

소태산 대종사는 단 조직을 끝내며 제자들에게 중앙의 자리를 비워 놓은 이유를 "이 자리는 들어설 사람이 있다. 머지않아 우리를 크게 도울 사람이 나타날 것이다."고 하였다.

단이 조직되고 제자들의 공부가 날이 갈수록 깊어지자 소태산 대종사는 제자들과 저축조합(貯蓄組合)을 만들고 손수 조합의 규약을 만듦과 동시에 조합 운영발전의 방법을 제시하였다.

| 새겨보는 문제 |

(개) 소태산 대종사의 최초의 제자는 12살 연상인 김□□이다.
(내) 믿고 따르는 □□여 명의 제자 중 진실 되고 믿음이 독실한 여덟 사람을 뽑아 □□제자로 삼았다.

③ 저축조합을 만들다

원기 2(1917)년, 소태산 대종사의 뜻과 제자들의 뜻이 하나가 되어 저축조합을 만들었다.

자산을 모으는 방법으로는 담배와 술을 끊고, 허례를 폐지하며, 식량을 최대한 아끼고, 노는 날을 기하여 공동 작업을 하자고 하였다. 자산을 늘리는 방법과 규약은 잘 지켜져 조합이 발전되었고, 점차 믿고 따르는 사람이 더욱 늘어났다.

소태산 대종사는 조합의 자산 2백여 원과 소태산 대종사의 집 가산을 정리하여 희사한 4백여 원을 합한 돈이 6백여 원에 이르자 새로운 사업을 계획하였다. 길룡리 앞 바다의 한 부분을 막으려는 계획이었다.

④ 바다를 막다

소태산 대종사는 저축조합운동을 전개하면서 내적으로 끊임없이 훈련시킨 제자들의 정신을 하나로 뭉쳐지게 했다.

길룡리 인근에서 숯을 굽던 사람들이 가격의 폭락으로 인하여 숯을 팔 수 없게 되자 소태산 대종사는 저축조합의 자산 6백여 원과 이웃 마을 부호로부터 차용한 4백 원을 빌려 모두 숯을 사주도록 지시하였다. 한 포대에 25~30전을 주고 구입한 숯을 7~8개월이 지나서 다시 팔게 되었을 때는 가격이 10

여 배에 가깝게 올랐다. 그렇게 가격이 폭등한 이유는 제1차 세계대전에 연료가 없어 자동차를 목탄으로 굴려야 했기 때문이기도 했고, 숯을 굽던 사람들이 더 이상 숯을 굽지 않아서였다.

조합의 자산이 어느 정도 형성되자 소태산 대종사는 제자들을 향하여 길룡리 앞 바다 갯벌을 막자고 하였다.

누구 한 사람 그런 생각을 하여 본 일이 없는 문제를 제시받은 제자들은 아연실색하지 않을 수 없었다. 그러나 소태산 대종사의 위대하심이 능히 바다를 막고도 남음이 있으리라는 사실을 믿는 제자들은 모두가 한 마음 한 뜻이 되어 적극 참여하기로 결의하였다.

소태산 대종사는 이 간척사업을 위하여 손수 배를 타고 바다에 나아가 측량의 위치를 잡아 소나무를 꽂게 하고, 그 소나무와 새끼줄을 연결토록 하여 바다를 막기 시작하였다. 간척공사는 순조롭지만은 않았다. 주변의 많은 사람들은 날마다 모이기만 하면 조소와 비방을 일삼았다.

간척사업은 여러 사람의 비방과 조소 속에서도 잘 진척되어 공사를 시작한 1년 만인 이듬해에 3만여 평의 농토가 만들어졌다. 이 논을 후에 정관평(貞觀坪)이라 이름하였다.

간척사업을 진행하며 원기 3(1918)년 겨울에 옥녀봉 아래 도실(道室)을 건축하였다. 이것이 곧 원불교의 첫 교당인 '구간도실(九間道室)'이다. 소태산 대종사는 첫 교당을 준공한 후 이름을 '대명국영성소좌우통달만물건판양생소(大明局靈性巢左右通達萬物建判養生所, 크게 밝은 판국인 영성의 집이며 만사 만물을 좌우통달하게 판별하고 양생하는 곳)'라 하였다.

  소태산 대종사는 제자들에게 단을 조직하며 비워둔 중앙을 기다리던 중 원기 3년 봄에 김광선을 앞세우고 전라북도 정읍 화해리 김해운의 집을 찾아 갔다. 그곳에서 경상도에서 구도차 온 송규(宋奎, 정산 종사)를 만나 제자로 삼고, 그해 여름 영산으로 온 송규를 10인 1단의 중앙(中央)으로 삼아 단 조직을 완성하였다.

  중앙으로 맞이한 송규를 중심으로 단원들은 원불교 창건을 진리적으로 인증 받기 위해 기도에 들어갔다.

| 새겨보는 문제 |

(가) 소태산 대종사와 제자들이 □□조합을 만들었다.
(나) 간척사업으로 □만여 평의 농토를 만든 이 논을 후에 □□평이라 이름하였다.
(다) 옥녀봉 아래에 □□도실을 '대명국□□□좌우통달만물건판□□소'라 하였다.

⑤ 진리의 뜻에 맡기다

원기 4(1919)년 간척사업 즉 방언공사(防堰工事)가 끝날 즈음에 전국적으로 독립을 열망하는 기미년 만세소리가 천지를 진동하였다.

제자들은 소태산 대종사께 "우리는 이때를 당하여 어떤 일을 하여야 하겠습니까?" 하고 여쭈었다. 소태산 대종사는 "저 만세소리는 새 세계를 여는 개벽(開闢)의 상두소리이니 만 생령을 제도하기로 뜻을 세운 우리는 기도를 하여 전 세계의 생령을 구원하도록 하자."고 하였다. 그리고 제자들로 하여금 몸과 마음을 깨끗이 하고 목숨을 바치는 정성으로 기도에 들어가게 하였다. 이때가 원기 4년 (음)3월 26일이다.

9인 제자는 집회장소인 구간도실에 모여 마음을 모으고 소태산 대종사가 지정하여 준 중앙봉을 중심으로 여덟 봉우리에서 매월 3회 (음)6일, 16일, 26일에 기도를 올렸다.

기도를 시작하여 12회 기도를 마치고 돌아온 제자들에게 소태산 대종사는 "그대들이 지금까지 기도해 온 정성은 심히 장한 바 있으나 아직 천의(天意, 하늘의 뜻)를 움직이는 데는 거리가 먼듯하니 그대들의 몸이 죽어 없어지더라도 창생(蒼生, 이 세상의 모든 사람)을 위하여 그리하겠는가." 하고 물었다. 모두 그리하겠다고 하자 "다음 기도일(7월 26일, 양 8.21)에는 기도 후 창생을 위하여 모두 자결하도록 하라."고 하였다. 제자들은 이 말씀에 한 사람도 의혹을 갖지 않고 큰 보람으로 여기고 (음)7월 26일이 되자 구간도실에 모였다.

소태산 대종사 앞에 마련된 상에는 청수와 흰 종이, 각자의 예리한 칼(단도)이 놓였다. 소태산 대종사는 9인 제자에게 "창생을 위하여 죽으러 가는 길, 미련이 있으면 말하라."고 하였다. 누구도 창생을 위하여 죽는 일에 미련을 갖는 사람은 없었다.

소태산 대종사는 제자들에게 백지 위에 '사무여한(死無餘限, 죽어도 여한이 없다)'이란 글을 쓰게 한 후 그 밑에 맨손으로 각자의 지장(指章)을 찍게 하고 모두 사심 없는 심고(心告)를 올리게 하였다. 심고가 끝나자 큰 기적이 일어났다. 백지에 찍은 지장이 핏빛으로 선명하게 변하는 백지혈인(白指血印)이 나타난 것이다.

이를 본 소태산 대종사는 기쁨을 감추지 않고 "이것은 진리가 여러분의 지극한 정성에 감응하여 보여준 기적이며 이것으로 창생구원의 길이 열렸다. 진리의 인증(認證)을 받은 것이다."고 하였다. 그리고 백지혈인의 증서를 불살라[燒火] 하늘에 알렸다[告天].

소태산 대종사는 "그대들의 마음은 천지신명(天地神明)이 이

미 감응하였고, 음부공사(陰府公事, 진리세계에서 이루어지는 일)가 이제 판결이 났다. 오늘 그대들의 생명을 희생하지 않아도 우리의 성공은 이로부터 비롯하였다. 그대들의 몸은 이미 시방세계에 바친 몸이니 앞으로 어떤 일을 당하여도 오늘 모두가 죽은 셈치고 희생 봉사하도록 하라."고 하였다. 또한 "중앙봉에 가서 함께 기도하고 오라."고 한 후, 기도를 마치고 돌아오자 각자에게 법호와 법명을 내리며 "이제 세계 공명(公名)인 새 이름을 주어 다시 살리는 바이니 많은 창생을 제도하라."고 하였다.

| 새겨보는 문제 |

㈎ 법인기도는 원기 □년 (음)3월 26일부터 □□봉을 중심으로 여덟 봉우리에서 진행하였다.
㈏ 사무□□의 백지에 찍은 지장이 핏빛으로 변하는 백지□□(白指血印)이 되었다.

5) 만대의 교법을 제정하다

진리의 기적이 나타난 후 소태산 대종사는 제자 정산 송규(鼎山宋奎)를 전라북도 변산 월명암 학명 선사(鶴鳴禪師)에게 보내고 김광선과 김제 모악산 금산사를 찾아 잠시 머물렀다. 소태산 대종사는 자신이 깨달은 진리의 형상을 거처하던 송대 방문위에 ○[일원상]으로 그려 보이고 얼마 후 월명암을 찾았다.

변산에 들어간 소태산 대종사는 월명암에서 2개월여를 머문 후 월명암 아래 실상사 옆 실상초당으로 거처를 옮겼다. 실상초당에서 제자들과 생활하며 원기 5(1920)년 봄에 교법의 강령인 인생의 요도 사은사요와 공부의 요도 삼학팔조를 제정하고 『수양연구요론』과 『조선불교혁신론』을 초안한 후 김남천·송적벽 등 제자들과 실상초당 위에 초가삼간을 짓고 '석두암(石頭庵)'이라 하였다.

석두암으로 자리를 옮기자 김제·전주 등지에서 소태산 대종사를 찾아오는 사람들이 많았다. 그 인연 가운데 김제에 사는 서중안(徐中安)의 권유에 하산(下山)을 허락하고 정식 회상을 열 준비를 하여 현 익산 중앙총부로 자리를 옮겨 '불법연구회(원불교의 이전 이름)'의 문을 열게 되었다. 이때가 원기 9(1924)년이다.

| 새겨보는 문제 |

(가) 원기 □년에 교법의 강령인 인생의 요도 □□사요와 공부의 요도 삼학□□를 제정하였다.
(나) 소태산 대종사는 『수양□□요론』과 『조선□□혁신론』을 초안하였다.

6) 법을 전하다

① 익산에 총부를 건설하다

 원기 9(1924)년 6월, 전라북도 이리 보광사에서 회상의 창립총회를 갖고 '불법연구회(佛法研究會)'라는 교명을 내외에 선포하였다.

 창립총회에서 소태산 대종사를 불법연구회 총재로 추대하고, 서중안을 회장으로 선출하였다. 창립총회를 끝낸 후 소태산 대종사는 진안 만덕산 산제당(山祭堂, 만덕암)에 들어가 12제자와 1개월여 선회(禪會)를 갖고 내려와 이리부근 각처를 답사하여 익산군 북일면 신룡리(현 중앙총부 위치)를 총부건설의 기지로 확정하고 일을 추진하여 그해 겨울 초가 2동을 지었다. 이것이 곧 익산총부의 첫 건설이며 불법연구회 간판을 세상에 드러내는 처음이었다.

 총부 건설 당년의 회원 수는 영광·신흥·김제·전주·부안·서울·진안 각지의 회원이 남자 60여 명, 여자 70여 명으로 도합 130여 명이었고, 전무출신은 13명이었다.

 총부를 건설하였으나 전무출신들의 공동생활은 어려움의 연속이었다. 의·식·주를 해결하기 어려워 엿 장사·소작농사로 시작하여 고무공장·제사공장(실 만드는 공장)의 직공생활과 산업부 운영 등의 험난한 길을 걷게 되었다. 어려운 생활 속에도 교단은 조직적이고 체계적으로 운영되어 발전해 나갔다.

② 교서와 간행물 간행하다

불법연구회의 창립과정에 있어서 특징 중 하나는 교서(敎書)가 소태산 대종사의 당대에 발행되어 교리체계가 거의 형성되었다는 점이다. 원기 12(1927)년 『수양연구요론』, 원기 17(1932)년 『보경육대요론』을 비롯하여 소태산 대종사의 열반 해인 원기 28(1943)년 『불교정전』에 이르기까지 각종 교서를 발행하여 창립 초기부터 체계적이고 조직적인 교육과 교화활동이 이루어졌다.

그런가하면 원기 13(1928)년 정기간행물인 『월말통신』을 발행하여 교단의 소식과 소태산 대종사의 법문을 게재함으로써 각지의 회원들이 교단의 소식과 소태산 대종사의 법문을 접할 수 있도록 하였다. 정기간행물은 『월보』, 『회보』로 이름을 바꾸어 발행하면서 일경에 압수·폐간을 당하기도 하고 경제적인 사정으로 자진 휴간하는 과정을 거쳤다.

| 새겨보는 문제 |

(가) 원기 9년, 이리 □□사에서 창립총회를 갖고 '불법□□회'라는 교명을 선포하였다.
(나) 총부 건설 당년의 회원이 남자 □□여 명, 여자 □□여 명이었고, 전무출신은 □□명이었다.
(다) 소태산 대종사 당대에 □□가 발행되어 □□체계가 거의 형성되었다.

③ 일원상을 정식 봉안하다

소태산 대종사는 원기 20(1935)년 봄에 '총부대각전'을 신축하여 그 정면 불단에 일원상[○]을 봉안(奉安)하고, 신앙의 대상과 수행의 표본을 확정하였다. 그후로부터 각지의 교당과 회원들의 가정에 일원상을 봉안하기 시작하였다.

소태산 대종사는 깨달음을 통하여 우주와 인생의 궁극적 진리를 '일원상'으로 표현하였으나, 신앙의 대상과 수행의 표본으로 확정하기까지는 20여 년간 제자들을 인식시키는 과정이 필요했었다. 교단이 소태산 대종사의 지도 아래 어려운 여건 속에서도 발전해 나가자 일제의 감시는 더욱 심해지기 시작하였다.

④ 일제의 감시를 받다

이리경찰서에서는 원기 21(1936)년에 교단을 해체시킬 목적으로 총부정문에 있는 청하원에 '북일순사주재소'를 설치하고 경찰을 상주시켰다. 그들은 소태산 대종사와 제자들을 감시하며 숙소까지 몰래 숨어들어 밤낮을 가리지 않고 수색하였고, 때로는 조선총독부에서 직접 내려와 소태산 대종사를 취조하기도 하였다. 모든 집회는 경찰서의 허가를 얻도록 하고 법회도 경찰의 참석 하에 진행하는 등 감시와 탄압은 교단의 명맥을 바람 앞에 등불처럼 만들었다.

그러나 소태산 대종사의 지도력과 미래를 내다보는 안목으로 교단은 감시 아래서도 영광·서울·부산·개성·전북 등에 교화가 점차 확장되어 나아갔다.

어떤 어려움 속에서도 교단이 점차 발전되어 가자 일제의 감시는 더욱 심해졌고, 제2차 세계대전이 막바지에 이를 무렵에는 조선총독부가 불법연구회 해체와 소태산 대종사의 제거를 결정짓고 그 작업에 착수하기 시작하였다.

| 새겨보는 문제 |

(가) 익산총부 □□전을 신축하여 □□상을 봉안하고, 신앙의 대상과 □□의 표본을 확정하였다.
(나) 이리경찰서에서는 청하원에 북일순사□□소를 설치하고 감시하기 위하여 □□을 상주시켰다.

7) 계미년에 열반하다
① 게송과 생사법문을 설하다

소태산 대종사는 열반에 들기 수년 전부터 틈이 있는 대로 제자들에게 "나는 머지않아 수양의 길을 떠난다."라는 말씀을 많이 하였다. 그러나 제자 누구도 이 말씀을 소태산 대종사의 열반과 관계시켜 생각하는 사람은 없었다.

소태산 대종사는 원기 26(1941)년, 제자들에게 깨달음의 세계와 경륜을 하나로 묶어 전법게송(傳法偈頌)을 설하였다.

> 유(有)는 무(無)로 무는 유로 돌고 돌아 지극(至極)하면
> 유와 무가 구공(俱空)이나 구공 역시 구족(具足)이라.

원기 28(1943)년 5월 16일, 소태산 대종사는 열반 16일을 앞두고 총부 예회에서 "참다운 실력을 갖추어 제생의세(濟生醫世)의 사업에 나서라. 사람만 믿지 말고 그 법을 믿어라. 공왕공래(空往空來)하지 말아라. 생사거래(生死去來)의 자유를 얻도록 하라."는 생사법문(『대종경』 부촉품 14장)을 설하였다.

| 새겨보는 문제 |

(가) 소태산 대종사는 원기 26년, 제자들에게 □□을 내렸다.
(나) 게송은 '有는 □로 無는 □로 돌고 돌아 至極하면 有와 無가 俱空이나 구공 역시 □□이라.'이다.
(다) 소태산 대종사는 원기 28년 □월 □□일 총부 예회에서 □□법문을 설했다.

② 열반(涅槃)에 들다

5월 16일 예회에서 공식석상의 최후법문을 내린 소태산 대종사는 점심식사를 평소와 다름없이 하였지만 밥상을 물린 후 곧 자리에 눕게 되었다. 제자들은 평범한 자리 누움이라고 생각했지만 15일 후인 6월 1일 오후, 비운에 휩싸인 나라에 탄생하여 20여 년의 구도로 깨달음을 얻어 28년간 생령과 세계를 위하여 법을 전하고 53세의 나이로 여러 제자들이 지켜보는 가운데 열반에 들었다.

소태산 대종사가 열반에 들자 총부는 연일 통곡이 끊이지 않는 절망의 늪처럼 되고 말았다. 일제는 열반한 다음에까지도 감시와 탄압의 사슬을 풀지 않았다. 모든 것을 제자들의 뜻과는 상관없이 자신들의 지시 하에 하도록 했다.

열반에 든 지 6일째 되는 6월 6일, 총부 대각전에서 발인식이 이루어졌다. 일제는 운구 행렬에 뒤따르는 제자들의 수를 2백여 명으로 한정시키고 화장터까지 따라와 화구로 들어가는 일을 확인함은 물론 매장이 될 때까지 감시의 눈을 떼지 않았다. 더구나 묘지를 찾아 추모하는 제자들에게 금족령(禁足令)을 내리기까지 하였다.

소태산 대종사가 열반에 들고 2년 후 나라는 광복을 맞이했고, 소태산 대종사의 뒤를 계승한 정산 송규 종법사는 원기 33(1948)년 소태산 대종사가 일제의 탄압 때문에 내걸지 못했던 '원불교(圓佛敎)'라는 교명을 국가의 공인을 받아 공포하고 민족의 광복과 더불어 새롭게 출발하였다.

| 새겨보는 문제 |

(가) 소태산 대종사는 원기 28년 6월 □일에 열반하였다.
(나) 소태산 대종사의 뒤를 계승한 정산 □□ 종법사가 교명을 '□□교'라 공포하였다.

2. 정산 송규 종사

1) 소성에서 태어나다

소태산 대종사의 법통을 이은 정산 송규 종사(鼎山宋奎宗師, 이하 정산 종사라 칭함)는 경상북도 성주군 초전면 소성리에서 1900년 8월 28일, 구산 송벽조 선생과 준타원 이운외 여사의 2남 1녀 중 장자로 탄생하였다.

유학자 집안에서 탄생한 정산 종사는 7세경 마을 훈장을 하던 할아버지 송훈동으로부터 한문을 배우기 시작하였다.

9세경에 『통감(通鑑)』을 배우다 문득 '나라를 바로 세우는 큰 인물이 되어야겠다.'는 뜻을 세웠다. 11세 무렵에는 사서(四書)를 공부하다가 다시 생각이 커져 '대장부가 어찌 한 나라를 바로 세우는데 만족할 수 있으랴. 천하창생을 널리 구제하고 세상을 평화롭게 건설하리라.'고 서원을 세웠다. 이때부터 정산 종사는 마음속에 큰 스승 만나기를 염원하였다.

| 새겨보는 문제 |

(가) 정산 종사는 경상북도 □□에서 1900년 송벽조와 이운외의 2남 1녀 중 □□로 탄생하였다.
(나) 9세경에 『□□』을 배우고, 11세 무렵에 □□를 공부하였다.

2) 도를 구하기 시작하다

① 거북바위에서 기도하다

정산 종사는 태언난 구성마을에서 소야마을로 이사하여 13세 되던 해 봄에 부모님 뜻에 따라 같은군 금수면에 사는 여청운(呂淸雲)과 결혼하였다.

정산 종사는 결혼 뒤 소야에서 박실마을로 이사하여 집 뒤뜰에 있는 거북 모양의 바위 앞에 제물과 촛불, 정화수를 놓고 '천하창생을 제도하는 큰 사업'을 이루고자 천지신명께 기도하였다.

정산 종사가 거북바위에서 기도하던 일을 어머니인 이운외가 후진들에게 회고하였다.

"옆 골짜기로 흐르는 물속에 웅덩이를 판 후 그물을 맑게하여 정갈한 그릇에 떠서 거북바위 앞에 진설하고 기도하는 법사(정산 종사)의 모습은 경건하였고, 범상함을 넘어서 천상에서 내려온 동자가 수도하는 모습 같았다."

정산 종사는 거북바위에서 상당 기간 기도를 계속하였다. 집안에서 하늘 기운과 땅 기운이 응하기를 비는가 하면 성현 군자와 영웅 달사들의 명패(名牌, 이름과 직위를 써 놓아두는 패)를 모시고 축원기도를 올리기도 했다.

정산 종사의 할아버지는 정산 종사의 그릇이 큰 것을 알고 당시 영남지방의 이름 있는 유학자인 공산 송준필에게 1년에 한 철씩 공부하게 하였다.

정산 종사는 유학의 경서를 공부하였으나 글공부보다는 창생을 제도하고 세상을 평화롭게 건설하리라는 생각에 골몰하였다.

정산 종사는 14~5세 무렵 금수면 처가에 갔다가 시 한 수를 지었다.

해붕천리고상우(海鵬千里翔羽)
바다붕조 천리 날아갈 그런 깃을 가지고도
농학십년칩울신(籠鶴十年蟄鬱身)
조롱 속에 든 학으로 십년 세월 보냈구나

이 시구(詩句)를 본 장인 여병규는 속으로 크게 놀라며 "자네는 아무래도 천하를 무대로 큰일을 할 사람이지 한 가정에 안주할 인물은 아닌 것 같네."라고 말하였다.

정산 종사는 거북바위와 집에서 정성스런 기도를 올렸으나 답답한 마음은 풀리지 않았다.

정산 종사는 이때부터 큰 도덕을 가진 이인군자를 찾아 이름 난 산과 신령스러운 곳을 방황하였다.

> | 새겨보는 문제 |
>
> (가) 정산 종사는 집 뒤뜰에 있는 □□ 모양의 바위 앞에서 □□신명께 기도하였다.
> (나) 처가에서 '해붕□□고상우 농학□□칩울신'이라는 시를 지었다.

② 스승 찾아 전라도로 가다

이 무렵 정산 종사는 여 처사(呂處士)란 분이 가야산에서 십수 년간 수도한 도인이란 말을 듣고, '이 사람을 만나면 내가 알고 싶은 것을 다 알 수 있겠다.'는 생각이 들었다.

정산 종사는 여 처사를 만나기 위하여 집에서 1백여 리 떨어진 가야산을 찾아갔다. 그러나 여러 날 산속을 헤매다 수도처를 알 수 없어 집으로 돌아왔다.

정산 종사는 그렇게 세 번이나 가야산을 찾았으나 여 처사는 만나지 못하고 가야산 속에서 도(道) 닦는 도꾼들을 만났다. 그들은 '큰 스승을 만나 큰 공부를 이루기 위해서는 전라도로 가야 한다.'고 말했다.

정산 종사는 그들과 며칠 동안 기도 수행하던 어느 날 밤에 주문을 외우고 기도를 올리는데 정신이 맑아지며 '지금까지 내가 공부 길을 잘못 잡았다.'는 생각이 떠올랐다. 그리고 전라도로 가서 큰 스승 만나 대도 정법을 공부해야 천하창생을 제도할 큰 인물이 될 수 있을 것임을 알게 되었다. 정산 종사는 집으로 돌아와 할아버지와 부모님께 그동안의 생각과 행적을 말씀드리고 전라도로 가겠다는 뜻을 단호하게 밝혔다.

이에 아버지 송벽조가 자식의 성공을 바라며 땅을 팔아 마련해준 공부비용으로 정산 종사는 전라도로 향했다. 이때가 정산 종사의 18세 무렵이었다. 전라도로 건너온 정산 종사는 정읍·김제·장성 등을 다니며 사찰과 신흥종교를 찾아 많은 사람을 만나보지만 참 스승은 찾을 수가 없었다.

가슴이 답답하고 초조해 하던 정산 종사는 진묵 대사가 수행하던 곳이며 강증산(姜甑山)이 천지 대도를 깨친 모악산 대원사로 들어가 기도와 주문을 외우며 수행 적공하였다.

정산 종사가 대원사에 머무르고 있을 때 신도들 사이에 '경상도에서 온 생불님이 대원사에 계신다.'는 소문이 퍼져 나갔다. 전라북도 정읍 화해리에 사는 김해운도 이 소문을 듣고 대원사로 찾아가 정산 종사를 만났다. 김해운은 크게 기쁜 마음에 '과연 생불님이로구나, 이 세상에 저런 도인을 또 어디서 뵐 수 있을까?' 하고 생각되어 자신의 집으로 청하여 받들게 되었다.

김해운은 정산 종사가 세상 모든 일을 안다고 하여 '만국양반'이라고 부르며 존경하였다. 화해리 김해운의 집으로 온 정산 종사는 기도·주문 등으로 수행 정진하였다. 이 무렵에 정산 종사는 가끔 기이한 행적을 보여 주변 사람을 놀라게 하였다.

| 새겨보는 문제 |

(가) 정산 종사 □□세 무렵 스승을 찾아 전라도에 와서 모악산 □□사에서 수행 적공하였다.
(나) 김□□은 정산 종사가 세상 모든 일을 안다고 하여 '만국□□'이라 하였다.

3) 스승님을 만나다

① 스승님께서 찾아 주시다

소태산 대종사는 1916년 4월 28일, 큰 깨달음[大覺]를 얻고 많은 사람을 교화할 10인 1단의 교화단을 조직하며 8방위 제자는 모두 정하였으나 중앙(中央) 자리는 비워놓고 제자들에게 말하였다.

"이 자리는 후일 멀리서 올 사람이 있으니 그때까지 기다려

보자."

 소태산 대종사는 밤하늘의 기운을 살피는가 하면, 제자들에게 중앙을 찾게도 하고 기다리던 중 원기 3(1918)년 봄, 김광선을 앞세우고 정읍 화해리 정산 종사가 머무는 김해운의 집을 찾았다. 이렇게 소태산 대종사가 정산 종사를 찾음으로써 만남이 이루어졌다.

 소태산 대종사와 정산 종사는 형제의(兄弟義)를 맺고 영산으로 같이 가려했으나 김해운의 간곡한 만류로 그해 여름에 영산에서 만나기로 했다. 정산 종사는 약속대로 영산으로 가 소태산 대종사와 다시 만나 화해에서 맺었던 형제의를 부자의(父子義, 師弟義)로 고쳐 맺었다.

 정산 종사가 영산에 오자 소태산 대종사는 여러 제자들에게 "우리 회상의 법모(法母)이며, 전무후무한 제법주(制法主, 정법을 새로 재정하는 주세성자)이다. 이제 우리가 그토록 기다려 만나려던 사람이 왔으니 우리 회상 창립의 일이 반이나 이루어진 것과 마찬가지다."고 하였다.

 소태산 대종사는 그동안 비워두었던 교화단 중앙 자리에 정산 종사를 내정함으로써 비로소 단 조직이 완성되었다.

| 새겨보는 문제 |

㈎ 소태산 대종사는 정읍 화해리 김해운의 집을 찾아 원기 □년에 □□ 종사를 만났다.
㈏ 소태산 대종사는 정산 종사를 "우리 회상의 □□이며, 전무후무한 □□□라."고 하였다.

② 소태산 대종사의 수제자가 되다

 정산 종사가 영산에 왔을 때는 간척사업(방언공사)이 한참 진행될 때였다. 정산 종사는 방언공사에 직접 참여하지 않고 조력하였다. 방언공사가 진행되던 원기 3(1918)년 겨울, 교단 최초의 교당인 '구간도실(九間道室)'이 준공되었다.

 정산 종사는 구간도실이 준공되자 낮에는 소태산 대종사의 명에 따라 옥녀봉 아래에 마련된 토굴에서 거처하였고, 밤에는 다른 제자들과 구간도실에서 생활하였다. 정산 종사의 토굴생활은 정산 종사가 소태산 대종사와 만나기 전, 곧잘 부렸던 신통을 막고 적공을 통한 깨달음의 길에 오르도록 하는 스승의 자비였다.

 방언공사를 마친 원기 4(1919)년, 소태산 대종사는 9인 제자들에게 (음)3월 26일부터 인류구제의 길을 널리 펴기 위해 천지

신명께 기도를 올리도록 하였다. 소태산 대종사는 9인 제자를 8방과 중앙으로 나누고 소태산 대종사의 대각 터 뒷 봉우리인 노루봉을 중앙봉으로 하여 8방위를 선정하였다. 정산 종사는 아홉 봉우리의 가운데인 중앙봉(노루봉)에서 기도를 올렸다.

7월 26일(양 8.21) 구간도실에 모인 제자들이 창생을 위하여 죽어도 여한이 없다며 '사무여한(死無餘恨)'이라고 쓴 증서에 맨손으로 도장을 찍었다. 맨손으로 찍은 증서에 혈인(血印)이 선명하게 나타났다. 이로써 진리가 인증(認證)한 창생구원의 길이 열리게 되었다.

소태산 대종사는 제자들에게 법명과 법호를 주었다. 이때 정산 종사는 법명을 규(奎), 법호를 정산(鼎山)으로 받아 이때부터 '정산'이라 불리어졌다.

| 새겨보는 문제 |

㈎ 정산 종사의 □□생활은 신통을 막고 적공을 통한 □□음의 길에 오르도록 배려한 스승의 자비였다.
㈏ 정산 종사의 법인기도 봉우리는 □□□이다.

4) 깨달음을 노래하다
① 경상까지 외면하다

어느 날, 소태산 대종사는 정산 종사에게 전라북도 부안 변산에 있는 월명암으로 떠날 것을 명했다.

월명암은 영광 출신인 백학명(白鶴鳴) 선사가 주지로 있는 절이다. 방언공사가 마무리 될 즈음에 소태산 대종사가 월명암을 찾아 10여 일 머무른 적이 있었다. 소태산 대종사는 회상의 교리와 제도를 구상하고 휴양할 만한 장소를 부안 변산으로 택한 것이다.

소태산 대종사는 정산 종사에게 "학명 스님을 모시고 살되 불경은 보지 말라."고 했다. 이에 정산 종사는 불경은 물론 경상(經床, 경전을 올려놓는 상)까지 외면했다.

소태산 대종사는 모악산 금산사에서 잠시 수양하다가 그해(원기4년) 말 월명암으로 갔다. 소태산 대종사는 월명암에서 2개월여 머물다 약 3km 떨어진 실상사(實相寺) 옆에 조그만 초당(草堂, 실상초당)을 구해 제자들과 생활하고 정산 종사는 그대로 월명암에 남아 생활하였다.

소태산 대종사는 실상초당에서 교법의 강령인 인생의 요도 사은사요와 공부의 요도 삼학팔조를 제정하는 한편『수양연구요론』과 『조선불교혁신론』을 초안하자 정산 종사는 밤마다 실상초당을 찾아 보필하였다.

② 전주는 들리지 말라하다

소태산 대종사는 원기 6(1921)년 실상초당 위에 석두암을 건축하고, 정산 종사에게 "이제 차츰 회상을 펼 때가 되어간다. 어디든지 네 발걸음이 닿는 대로 가 보아라. 그러면 만나야할 중요한 사람을 만나게 될 것이다. 그러나 가다가 전주는 들리지 말라."고 일렀다.

정산 종사는 봉래정사(실상초당과 석두암을 합하여 부르는 이름)를 떠나 정처 없이 발길을 옮기다가 도중에 한 스님을 만나 길동무를 하게 되었다. 그 스님은 진안 만덕산 미륵사 주지였다. 정산 종사는 스님과 미륵사에 도착하여 그해 겨울을 지냈다.

정산 종사는 미륵사에서 소태산 대종사가 말한 대로 인연을 만나게 되었다. 원기 7(1922)년 정월 어느 날, 비단장수를 하는 화주보살이 미륵사를 찾아왔다. 그 화주보살은 정산 종사를 보고 '생불님'으로 받들고 따랐다. 그러던 이월 보름 경, 정산 종사는 변산 봉래정사로 돌아왔다.

화주보살은 정산 종사가 말없이 떠나고 없자 애통해하며 묻고 물어 봉래정사까지 찾아왔다. 그리하여 보살은 정산 종사의 인도로 소태산 대종사께 귀의하고 '도화(道華)'라는 법명을 받았다.

정산 종사와 최도화의 만남으로 창립인연들이 수없이 모여드는 계기가 되었고, 원기 9(1924)년 익산에서 불법연구회 창립총회 직후 소태산 대종사가 만덕산에서 12제자와 1개월간 선회(禪會)를 열게 되는 인연이 되었다.

이때 11세 된 김대거(후일 대산 종사)가 참석하여 소태산 대종사, 정산 종사, 대산 종사로 이어지는 종통(宗統, 한 종교의 법통)이 한 자리에 만나는 역사를 이루었다.

| 새겨보는 문제 |

(가) 정산 종사는 소태산 대종사의 명에 따라 부안 □□에 있는 □□□으로 갔다.
(나) 소태산 대종사는 정산 종사에게 "□□ 스님을 모시고 살되 □□은 보지 말라."고 하였다.
(다) 정산 종사는 소태산 대종사의 명을 받아 진안 만덕산 □□□에서 한 해 겨울을 지냈다.

③ 깨달음을 노래하다

전라북도 김제에 사는 서중안 부부가 소태산 대종사를 찾아와 제자가 된 후 '회상을 공개하여 모든 사람들의 앞길을 열어주실 것'을 간곡히 청하였다. 소태산 대종사는 이를 받아 들여 현 익산시 신룡동에 총부를 건설하기 시작하였다.

정산 종사는 총부건설 후 연구부장으로 소태산 대종사를 보필하다가 서울교당 교무를 거쳐 원기 13(1928)년 영산지부장에 임명되어 영산에서 지역 교화와 인재양성을 담당하며, 일원상의 진리를 깨닫고 지은 '원각가(圓覺歌)'를 발표(원기 17년)하였다.

> 망망-한 너른 천지 길고-긴 저 세월에
> 과거미래 촌탁하니 변불변이 이치로다.
> 변화변화 하는 것은 천지 순환 아닐런가?
> 천지 순환 하는 때에 주야사시 변화로다.
> 봄이 변해 여름 되니 만화방창 하여있고
> 여름 변해 가을 되니 숙살만물 하여있고
> 가을 변해 겨울 되니 풍운산하 하여있고
> 겨울 변해 봄이 되니 만물 다시 화생일세.「하략」

정산 종사는 원기 18(1933)년 영산에서 익산총부로 와 초대 교정원장으로 소태산 대종사를 보필하다 원기 21(1936)년부터 다시 영산지부장 겸 교감으로 인재양성과 교화를 담당하였다. 소태산 대종사는 정산 종사가 영산에서 인재양성에 노력하고 있을 때 영산으로 공부하러 가는 제자들에게 "송규(정산 종사)는 나의 분화신이다. 그러므로 그를 잘 모시고 배우면 곧 나를 모시고 나에게서 배우는 것과 같다."고 말하였다.

정산 종사는 영산에서 인재양성에 힘쓰는 한편 오늘날『원불교 교사』의 근간이 된「불법연구회창건사」를 저술하여 원불교 초기 역사를 정리하였다.

소태산 대종사는 원기 25(1940)년부터 정산 종사를 비롯하여 교리에 능숙한 몇몇 제자들에게 그동안 발간된 모든 초기 교서들을 종합해 통일 수정하도록 하여『불교정전(佛敎正典)』을 발행하였다.

| 새겨보는 문제 |

(가) 정산 종사는 원기 17년에 자신의 깨달음을 노래한 □□□를 지어 발표하였다.
(나) 정산 종사는 □□에서 인재양성에 힘쓰는 한편『불법연구회□□사』를 저술하였다.

5) 종통을 잇다

① 사자좌에 오르다

원기 28(1943)년 소태산 대종사가 열반에 들자 정산 종사가 후계 종법사로 추대되어 취임하였다.

종법사에 취임한 정산 종사가 당면한 과제는 일제의 탄압과 수탈에 대처하는 일이었다. 패전의 빛이 날로 짙어져가는 일제는 군부를 앞세워 일본 불교화하기 위해 계획을 세우고 강요의 정도를 더해만 갔다.

8·15광복을 한 달쯤 앞두고 부산지역에서는 미국 잠수함이 부산과 일본 하관(시모노세키)을 연결하는 연락선을 격침한다든가, 부산을 향하여 함포사격을 한다는 등 흉흉한 소문이 일었다. 이에 정산 종사는 일제가 교단을 일본 불교화 하려는 음모를 지연시키려는 뜻과 부산에 직접 가서 실정을 알아보라는 생각으로 부산으로 갔다.

정산 종사는 부산에 가서 초량교당 대각전에 '사은상생지(四恩相生地, 사은이 상생하는 땅이며) 삼보정위소(三寶定位所, 불법승 삼보가 자리 잡고 있는 땅이다)'라 써 붙이고 시국의 안정을 위해 기도하였다. 그리고 총부로 올라오는 도중 조국 광복의 소식을 듣게 되었다.

광복을 맞아하여 정산 종사는 『건국론』을 지어 당시 정계요인들과 교단동지들에게 널리 호소하며 새 조국 건설을 강조하였다.

정산 종사는 건국론에 근거하여 교단이 건국사업에 적극 참여하도록 지도하였다. 건국사업으로 전재동포구호사업, 한글보급운동, 고아원 경영 등을 전개하는 가운데 전재동포구호사업이 중심이 되었다.

이리 역전과 서울 역전에 '귀환전재동포구호소'를 설치하여 본격적인 활동에 들어갔고, 전주·부산에서도 구호사업을 전개하였다. 한편 국민을 상대로 계몽운동을 전개하는가 하면 서울 남산에 있는 정각사에 고아를 수용하여 '서울보화원'을 설립하였다. 또한 각 교당 교무들은 지역사회의 문맹퇴치운동으로 한글보급운동을 전개하였다.

소태산 대종사는 일찍부터 교단 인재양성 전문기관 설립을 염원했다. 익산총부에 선원(禪院), 영산에 학원(學院)을 두었으나 아쉬움이 많아 유일학림(唯一學林)을 총부 구내에 설립하려 했다. 그러나 일제의 방해로 뜻을 이루지 못했다. 1945년 광복이 되자 정산 종사는 소태산 대종사의 유지를 받들어 원기 31(1946)년에 교역자 전문양성기관으로 '유일학림'을 개원하였다.

유일학림은 뒤에 원광대학교와 원광중학교로 발전되어 각종 교육기관으로 발전해 나갔다.

> | 새겨보는 문제 |
>
> (가) 소태산 대종사가 □□에 들자 정산 종사가 후계 □□사로 추대되었다.
> (나) 광복을 맞이하여 『□□론』을 지었고, 전재동포□□사업을 전개하였다.
> (다) 원기 □□년에 교역자 전문양성기관으로 □□학림을 개원하였다.

② 원불교란 교명을 선포하다

정산 종사는 원기 9(1924)년 불법연구회 창립총회 후 익산총부를 건설하면서 사용해 오던 '불법연구회'란 이름을 '재단법인 원불교'로 등록인가를 받고 원기 33(1948)년 '원불교(圓佛敎)'라는 교명을 선포하였다.

원기 35(1950)년 한국전쟁을 맞은 민족과 교단은 일제 36년에 이어 또 한 번 수난을 겪어야 했다. 북한군이 물밀듯이 내려와 이리역이 폭파되고 많은 사람이 죽고 다치게 되자, 제자들은 정산 종사께 안전한 곳으로 피난할 것을 권하였다. 그러자 정산 종사는 "총부는 내가 지킬 터이니 너희들이나 어디든 가보아라." 하며 정산 종사와 몇몇 제자들이 피난하지 않고 총부를 지켰다. 북한군이 총부를 점령하고 부대 본부를 두자 정산 종사는 대각전 불단 뒷방에서 2개월가량 점령 기간을 지내게 되었다.

③ 스승님을 기리다

교단 제1대 성업봉찬사업은 소태산 대종사의 위업을 기리고 추모하기 위한 행사로 원기 34(1949)년에 '대종사 성탑'을 봉건함으로써 시작했으나 한국전쟁으로 인해 중단되었다. 한국전쟁이 끝나고 성업봉찬사업도 다시 전개하였다.

정산 종사는 원기 38(1953)년 '대종사 성비'를 세울 때 「원각성존소태산대종사비명병서(圓覺聖尊少太山大宗師碑銘竝序)」의 비문을 지어 공덕을 찬양하였다. 정산 종사는 비문에서 소태산 대종사가 새 시대의 주세성자이며, 우리 회상이 미래세상의 주세 회상임을 천명하여 소태산 대종사관과 회상관을 처음으로 금석(金石)에 새겼다.

| 새겨보는 문제 |

(가) 원기 33년 4월 '원불교(□□敎)'라는 교명을 □□하였다.
(나) 한국전쟁 때 북한군이 총부를 점령하여 정산 종사는 □□전에서 □개월가량을 지냈다.
(다) 원기 34년 '대종사 □□'을 봉건하고, 원기 38년 '대종사 □□'를 제막하였다.

6) 임인년에 열반하다

정산 종사는 소태산 대종사의 교화·교육·자선의 교단 방향을 더욱 발전시키기 위하여 교재정비(敎材整備, 각종 교재를 편수 발간하여 대중교화의 자료를 준비하는 것), 기관확립(機關確立, 교화·교육·자선·생산 등의 기관들을 세워서 인재와 경제와 사업의 근거를 갖추는 것), 정교동심(政敎同心, 정치와 종교가 서로 합심 합력하여 평화세계 건설에 노력하는 것), 달본명근(達本明根, 여러가지 사업에 힘쓰면서도 모든 일에 근본을 잊지 않으려는 것)의 4대 경륜을 세워 교단을 이끌었다.

원기 46(1961)년 정산 종사는 개교기념일을 맞이하여 삼동윤리(三同倫理)에 관한 법문을 설하고, 이듬해 각처에서 운집한 제자들에게 "한 울안 한 이치에 한 집안 한 권속이 한 일터 한 일꾼으로 일원세계 건설하자."는 삼동윤리를 게송(偈頌)으로 전한 이틀 뒤 원기 47(1962)년 1월 24일 63세로 열반하였다.

'정산종사 성탑'을 총부에 조성하였고, 열반 10주년을 맞이하는 원기 57(1972)년에 『정산종사 법어』를 발간하였다.

| 새겨보는 문제 |

(가) 정산 종사는 □□정비, □□확립, □□동심, □□명근의 4대 경륜을 세워 교단을 이끌었다.
　　보기) ① 정교 ② 달본 ③ 교재 ④ 기관
(나) 정산 종사는 "한 울안 한 □□에 한 집안 한 권속이 한 일터 한 일꾼으로 □□세계 건설하자."고 게송을 전하였다
(다) 정산 종사는 원기 47년 □월 24일, 63세로 □□하였다.

3. 대산 김대거 종사

1) 영생의 스승을 만나다

대산 김대거 종사(大山金大擧宗師, 이하 대산 종사라 칭함)는 1914년 4월 11일, 전라북도 진안군 성수면 좌포리에서 연산 김인오 선생과 봉타원 안경신 여사의 5남매 중 장남으로 탄생하였다.

대산 종사가 소태산 대종사를 처음으로 만난 것은 11살 때였다. 원기 9(1924)년 불법연구회 창립총회를 개최한 며칠 후 소태산 대종사가 두 번째로 만덕산을 찾은 그때였다. 최도화의 인도로 조모(祖母)인 노덕송옥이 만덕산 만덕암에 머물고 있는 소태산 대종사를 뵈오러 가면서 장손자인 대산 종사를 데리고 나섰기 때문이다.

이때 소태산 대종사를 만나 귀의한 대산 종사는 11살의 어린 나이에 정산 종사, 오창건, 김광선을 비롯한 초창기 창립 선진 열한 분과 더불어 소태산 대종사를 모시고 한 달 선회(禪會)에 참석하였다.

2) 출가서원을 올리다

대산 종사는 원기 14(1929)년 16세에 소태산 대종사가 머물고 있는 익산총부로 출가하여 3년간 학원생활을 하면서 소태산 대종사와 은부자(恩父子)의 의(義)를 맺었다.

대산 종사는 출가 이후 소태산 대종사 열반 시까지 줄곧 소태산 대종사의 시봉과 교단 간부로서 총부를 떠나지 않고 측근에 머문 만큼 법설을 받들 기회가 많았다. 그후에 소태산 대종사의 언행록인 『대종경』 편찬에 많은 자료를 제공하였다.

소태산 대종사는 일찍이 대중들에게 정산 종사가 큰 인물임을 인식시키고 후계 종법사로서의 중임을 계승할 수 있도록 하였듯, 대산 종사 역시 큰 법기임을 제자들이 암암리에 깨달을 수 있도록 인식시켰다. 한편 소태산 대종사는 대산 종사가 속 깊은 적공을 통해 진리를 깨달을 수 있도록 독려하고 엄격히 지도하였다.

| **새겨보는 문제** |

(가) 대산 종사가 소태산 대종사를 만난 것은 □□살 때 만덕산 □□암에서였다.
(나) 원기 14년 □□세에 출가하여 학원생활을 하면서 소태산 대종사와 □□자의 □를 맺었다.

3) 요양하며 적공하다

 일제강점기를 전후해서 우리나라 어느 곳이든 결핵을 앓는 사람이 많았다. 결핵에 걸리면 대부분 살 수 없는 상황이었다. 총부에서도 간혹 결핵에 걸린 사람들이 있었다. 대산 종사는 결핵에 걸린 동지를 간호하다가 결핵균에 감염되었다. 대산 종사의 나이 서른 살이었다.

 대산 종사는 치료에 정성을 다했으나 병세가 더욱 악화하여 서울교당으로 가서 치료하기 시작했다. 건강은 극도로 악화되어 한 걸음도 걸을 수 없고, 겨우 미음으로 연명하는 극한의 투병 생활이었다. 투병 중 죽음을 가까이 느끼면서 죽고 사는 것이 둘이 아니라는 이치를 깨달았다.

 서울교당에서 요양 후 황정신행의 경기도 양주 별장에 가서 요양하기 시작하였다. 대산 종사는 죽고 사는 것에 연연하지 않았다. 점점 기운을 회복하고 걸음 연습을 하기 시작하면서 매일 망태 하나 짊어지고 산천으로 다니면서 선정(禪定)에 들기도 하고 밤이나 낮이나 기도 하고 약초 캐는 것으로 일과로 삼았다.

 대산 종사는 이 천지 안에 자신보다 한가롭고 재미있는 사람이 없는 것 같았다. 몸은 병들었지만, 마음은 허공법계에 걸림 없는 자신을 보며 한 편의 시(詩)를 읊었다.

    대지허공심소현(大地虛空心所現)
    대지허공은 마음에 나타난 바요
    시방제불수중주(十方諸佛手中珠)
    시방제불은 손안에 구슬이로다
    두두물물개무애(頭頭物物皆無碍)
    이치와 사물에 다 걸림 없으니
    법계모단자재유(法界毛端自在遊)
    법계를 터럭 끝에 놓고 자유로이 놀더라

양주에서의 생활은 오롯이 한 생각 뭉치고 맑히며 밝히는 데만 온 정력을 쏟을 수 있었기 때문에 병을 잊을 수 있었다.

대산 종사는 양주에서 투병생활 도중 광복을 맞게 되었다. 교단에서는 광복을 맞이하여 '전재민구호사업회'를 발기해 서울·이리·전주·부산 등지에서 일본·만주·중국 등 해외에서 귀환하는 전재동포(戰災同胞)를 위한 구호사업을 전개했다. 대산 종사는 건강이 조금 회복되자 원기 31(1946)년 서울출장소 소장으로 부임하였다.

교단에서는 서울 남산에 있는 일본인 사찰 약초관음사를 인수하여 '정각사(正覺寺)'라 이름하고 '서울출장소'라 했다. 광복 후 쏟아진 고아들을 거두어 '보화원'이란 이름으로 정각사에서 운영하였다. 그 당시는 국가적으로도 교단적으로도 어려운 시기였다. 대산 종사는 진리 앞에 두 손 모아 염원[심원송(心願頌)]하였다.

> 내 발길이 닿는 곳마다
> 내 손길이 미치는 곳마다
> 내 음성이 메아리치는 곳마다
> 내 마음이 가는 곳마다
> 한결같이 부처되고
> 세상 구제하는 좋은 기연이 되게 하여지이다.

대산 종사의 서울출장소 3년 동안의 근무는 국내 정치인들과 교류하며 교단 위상을 드러내고 한국 속의 원불교 입지를 크게 구축하는 계기가 됐다. 그러나 폐결핵이 재발했다.

대산 종사는 전라북도 김제 원평으로 내려와 투병생활을 다시 시작했다. 약물치료를 더 이상 할 수 없는 상황인지라 맑은 공기 마시며 정신력으로 버티어 나갔다. 모악산과 제비산·구성산 등 원평 주변의 산들을 규칙적으로 다니며 선정을 하고 기도를 올리며 약초를 캐는 것으로 일과를 삼았다. 망태기 하나 지고 샅샅이 다녀 바늘 하나 있어도 찾을 수 있을 만큼 됐다. 산에 다니는 것이 요양이며 적공이었다. 건강이 점차 회복되자 지혜의 문이 열리기 시작하여 한번 생각하면 조금도 걸림이 없었다.

대산 종사는 '한생 흐트러진 정신을 모아 소태산 대종사께서 설하신 법문을 정리하고 이 세상을 깨끗이 떠나리라.'고 생각하며 소태산 대종사의 법문정리에 총력을 기울여 밤낮으로 『대종경』 초고를 마쳤다.

| 새겨보는 문제 |

(가) 대산 종사가 '대지허공□□□(大地虛空心所現) 시방제불수중주(十方諸佛□□□) 두두물물개무애(頭頭物物□□□) 법계모단□□□(法界毛端自在遊)'라 읊었다.
　보기) 手中珠, 皆無碍
(나) 소태산 대종사의 □□정리에 총력을 기울여 『□□경』 초고를 마쳤다.

4) 종법사에 취임하다

 대산 종사는 소태산 대종사 열반 후 정산 종사가 종법사에 취임하자 보필하여 교단 발전에 헌신하였다. 원기 46(1961)년부터는 하섬, 신도안 등지에서 요양하며 교재를 연마하던 중 정산 종사가 원기 47(1962)년 열반함에 후계 종법사로 선출되어 취임하였다.

 일제의 압정과 한국전쟁의 수난을 겪으면서도 줄기차게 발전해 온 교단은 개교반백년 대를 맞이하여 새로운 전환을 모색하게 되었다.

 원기 49년에 「개교반백년기념사업회」를 발족하여 정산 종사가 추진한 교서발간을 반백년기념사업의 계기로 삼아 본격적으로 추진하였다. 대산 종사는 교서편찬을 독려하였다. 그리하여 정산 종사 열반 후 9개월 만인 원기 47(1962)년 9월에 『정전』과 『대종경』을 합간한 『원불교 교전』이 발간되었다. 그후 각종 교서를 발간하여 원기 62(1977)년 『원불교 전서』를 발간하고 교서편찬 업무를 마무리하였다.

 개교반백년기념사업의 하나로 교화3대운동인 '연원달기·교화단 불리기·연원교당 만들기'를 8년간 추진하여 교세가 2배

이상 확장되었다. 한편, 훈련원 확보와 훈련법의 강조로 교도 훈련을 통한 법위향상에 주력하였다.

그리하여 원기 49(1964)~56(1971)년까지 추진한 개교반백년기념사업은 원불교 교세의 황금기를 이루어 호남의 원불교에서 한국의 원불교로 발돋움하게 되었고, 세계종교로 발전하려는 새로운 출발을 하게 되었다.

대산 종사는 세계평화운동을 전개하며 '하나의 세계'를 강조하고 심전계발운동·세계인류 공동시장 개척·종교연합운동으로 인류가 나아갈 바를 선도하였다.

| 새겨보는 문제 |

㈎ 대산 종사는 □□ 종사가 원기 47년 열반함에 후계 □□□로 선출되었다.

㈏ 교화 3대목표인 '연원□□·교화단 불리기·□□교당 만들기'로 교세가 2배 이상 확장 됐다.

5) 열반하다

대산 종사는 『원불교 예전』 정신에 바탕하여 조상들에게 영안의 안식처를 만들어 보본의 도리를 다하고자 설립한 왕궁 영모묘원의 조립식 집에서 원기 73(1988)년부터 상주하였다.

대산 종사는 그 어느 곳에서도 고개 숙이고 들어가는 초가삼간이면 족한 생활을 하였다. 일상생활이 검소함과 평범함의 그 자체였다.

대산 종사는 원기 47(1962)년 종법사에 취임하여 33년간 교단을 이끌며 원불교를 세계적 종교로의 초석을 세우고, 원기 79(1994)년에 종법사에서 퇴임하여 교단의 어른인 상사(上師)로서 말년을 정양하며 보냈다.

대산 종사는 중앙총부 종법실에서 대중에게 '진리는 하나 세계도 하나 인류는 한 가족 세상은 한 일터 개척하자 하나의 세계'라는 게송을 전하고 원기 83(1998)년 9월 17일, 대중이 지켜보는 가운데 열반에 들었다.

대산 종사 탄생100주년의 해인 원기 99(2014)년에 '대산종사 성탑'을 중앙총부 영모동산에 조성하였고, 『대산종사 법어』를 발간하였다.

| 새겨보는 문제 |

(가) 대산 종사는 □□년간 종법사로 교단을 이끌고 퇴임하여 □□로 추대되었다.
(나) 대산 종사는 '진리는 □□ 세계도 하나 인류는 한 □□ 세상은 한 일터 □□하자 하나의 세계'라는 게송을 전했다.

4. 좌산 이광정 종사

좌산 이광정 종사(左山李廣淨宗師, 이하 좌산 종사라 함)는 1936년 3월 15일, 전라남도 영광군 대마면 복평리에서 광산 이삼공 선생과 광타원 이공원 여사의 5남매 중 막내로 탄생하였다.

어린 시절부터 책읽기를 좋아하고 사물에 대한 연구심이 강하여 한번 하기로 한 일은 반드시 이루어 내고야 마는 정성심이 있어 어른들의 총애를 받았다.

전라북도 고창에 있는 대성중학교에 입학하였으나 한국전쟁이 일어나 학업을 계속할 수가 없었다. 그러나 어려운 상황에서도 배워야 한다는 의지로 광주에 있는 조선대학교 부속기술학교에 입학하였다.

학교에 다니던 좌산 종사가 17세 되던 원기 38(1953)년 어느 날, 집안 어른인 호산 이군일의 안내로 익산총부를 방문하여 당시 종법사인 정산 종사를 뵙고 자비로운 성안과 법문을 받들면서 그 동안 마음속으로 혼자 고민해 오던 인생의 많은 문제에 대한 길을 찾을 수 있으리라는 믿음이 생겼다. 그리하여 출가를 결심하고 이군일에게 '전무출신을 하겠다.'고 말하였다. 이군일은 "어떻게 그런 생각을 했느냐? 학교를 졸업하고 오너라."고 하였다.

좌산 종사는 이듬해인 원기 39(1954)년 3월 총부를 다시 찾아 어릴 때 입교를 했지만 출가하는 마당에 다시 입교 절차를 밟고 전무출신 서원서를 제출하였다. 출가 후 원기 44(1959)년에 원광대학교 원불교학과에 입학하였다. 수학 중 2, 3학년 때에는 정산 종사의 시봉을 하면서 수학하였고, 4학년 때에는 신도안으로 가서 대산 종사를 시봉하게 되었다.

신도안에서 대산 종사를 시봉하던 때에 좌산 종사가 스승님의 지도를 따라서 연탄 부엌을 만드는데, 석 달에 걸쳐서 아궁이를 여러 번 고치도록 하는 스승님의 지도에 조금도 불평 없이 순종하였다. 후일 대산 종사는 좌산 종사의 신성을 "옛날 구정 선사와도 비교할 수 없는 깊은 신성이다."고 하였다.

원기 48(1963)년 원광대학을 졸업하고 곧 정남(貞男, 일생동안 결혼하지 않고 전무출신 하는 남자교역자)을 서원한 좌산 종사는 대산 종사를 모시는 법무실에서 근무하였다. 이 과정에서 좌산 종사는 스승님들께 속 깊은 공부를 지도받고, 원기 52(1967)년부터 운봉교당과 익산교당 교무로 근무하면서 교화자로서의 경륜을 펼치게 되었다.

원기 58(1973)년 중앙총부 교정원 교무부장에 취임하여 반백년기념사업 기간 동안 교화3대운동을 통하여 늘어난 교세를 기반으로 교화의 새로운 도약을 위한 교도의 단계별훈련을 확립한 것을 비롯하여 당시에 미개척이던 어린이교화 개척 등의 교화정책을 펼쳤다.

교정원 조직법이 개정되어 문화부가 독립할 때에 초대 문화부장으로 취임하여 '사적 및 유물관리규정'을 마련하여 문화자산 관리정책을 수립하고, 원불교방송국 허가를 추진하는 등 교단 문화정책 기반을 확립하였다.

원기 67(1982)년 수위단원에 피선되어 서울출장소장 겸 종로교당 교감, 원기 71(1986)년 서울동부교구장 겸 종로교당 교감으로 서울에 교화의 법풍을 일으켰다.

원기 73(1988)년 수위단원에 재선되어 상임중앙으로서 교단 창립 제2대를 마감하고 제3대를 맞이하면서 교단의 총의로 결집된 교육발전위원회 위원장으로서 교육발전계획을 완성하였다.

좌산 종사는 원기 79(1994)년 제11대 종법사에 선출되어 취임하였다. 종법사에 취임한 좌산 종사는 소태산 대종사, 정산 종사, 대산 종사의 정신을 이어 경륜을 펼치며 12년간 종법사를 역임하면서 '정산종사탄생100주년' 성업을 봉찬하며 원음방송국을 개국하여 대중매체를 통한 교화의 발판을 마련하는 한편, 원불교가 군종장교 편입으로 군교화의 길을 여는 등 많은 업적을 남겼다.

원기 91(2006)년 종법사를 퇴임하고 상사(上師)로써 세계평화와 교단발전을 염원하고 있다.

| 새겨보는 문제 |

(가) 좌산 종사는 교정원 교무부장으로 교화 3대운동, □□□교화 개척 등의 교화□□을 펼쳤다.

(나) 원기 □□년 □□사에 선출되어 취임하였다.

(다) 좌산 종사는 □□방송국을 개국하여 대중매체를 통한 교화와 □□장교 편입으로 군교화의 길을 열었다.

5. 경산 장응철 종법사

경산 장응철 종법사(耕山張應哲宗法師, 이하 경산 종법사라 칭함)는 1940년 9월 8일, 전라남도 신안군 장산면 다수리에서 장상봉 선생과 김출진옥 여사의 2남 1녀 중 장남으로 탄생하였다.

경산 종법사는 어려서부터 온화하고 너그러운 성품을 지녔고 주위 인연으로부터 사랑과 기대를 받으며 유복한 가정환경 속에서 성장하였다. 그러나 7세시, 다복한 가정을 꾸려온 부친이 열반에 든 후 가세가 기울어 간고한 생활을 하였다. 나이가 들면서 홀로 되신 모친을 극진히 받들면서, 학업과 생업을 함께 꾸려갈 방도를 생각하며 소년시절을 보냈다.

경산 종법사는 원기 45(1960)년 전주에 사는 이종사촌형 최덕근의 인도로 정산 종사를 뵙고 원불교에 입문하는 동시에 전무출신을 서원하고 교정원 총무부에서 서기생활을 시작하였다. 원기 49(1964)년 원광대학교 원불교학과에 입학하여 원기 53(1968)년에 졸업 후 영산선원 교사로 후진양성의 길을 걷기 시작하였다. 영산선원 교사로 봉직하면서 어려운 환경임에도 자기발전을 위한 배움의 정성에 게으름이 없었고, 신앙과 수행에 대한 적공 또한 쉼이 없었다. 5년간의 영산생활을 마치고 원기 58년 중앙총부 교정원 총무부 과장으로 근무하면서 교정 전반의 상황을 파악하게 되었다.

경산 종법사는 원기 60(1975)년 정남을 서원하고, 원기 62년 서울사무소 사무장으로 발령을 받아, 정치·경제·외교·문화·종교의 중심지인 서울에서 견문을 넓히고 부족한 학식을 보충하는 한편 교단 발전에 기여할 수 있는 안목을 키웠다.

원기 67(1982)년 교정원 총무부장에 부임하여 순환제 인사제도를 정착시켰고, 원기 73(1988)년 청주교구장으로 봉직하면서는 교구청 신축불사를 추진하였다.

경산 종법사는 원기 76(1991)년 영산사무소장 겸 영산대학장으로 취임하여 교육발전위원회의 계획에 따라 영산대학을 정부가 인정하는 4년제 정규대학으로 설립하기 위한 교단적 사업에 혈성을 다하였다. 그 결과 정부의 교육부로부터 학교법인 '영산학원' 설립인가와 4년제 대학에 준하는 각종학교인 '영산원불교학교' 설립인가를 받았다.

원기 77(1992)년 영산원불교학교를 상급학교 입학학력 인정학교로 지정을 받아 우수한 인재를 양성할 수 있는 법적인 장치를 완비하는 등 인재양성과 교육발전에 심혈을 다하였다. 4년제 정규대학을 준비하기 위한 건축불사를 시작하여 교단의 교육정책에 공적을 이루었다.

원기 79(1994)년 서울교구장으로 부임하여 교화의 중심지인 서울에서 서울 교화발전에 성심을 다하였다. 경산 종법사는 오직 종명과 공의에 신명을 바치는 신성으로 생활하며 무소유의 해탈 심법을 표준으로 살았다. 그동안 연륜을 정리하며 틈틈이 연마하고 강의하였던 글들을 모아서 『노자의 세계』, 『생활 속의 금강경』, 『마음 소 길들이기』, 『자유의 언덕』 등의 저서를 편찬하는 등 현대인이 생활 속에서 교리를 실천할 수 있도록 하였다.

경산 종법사는 교정원장을 역임하고 중앙중도훈련원장으로 전무출신들의 훈련을 담당하다가 원기 91(2006)년 제13대 종법사에 선출되어 취임하였고, 원기 97(2012)년에 다시 종법사에 선출되어 종법사 2기를 역임하고 있다.

| 새겨보는 문제 |

(개) 경산 종법사는 1940년 전남 신안군 □□면 다수리에서 탄생하였다.
(내) 원기 □□년 □□ 종사를 뵙고 원불교에 입문하는 동시에 전무출신을 서원하였다.
(대) 원기 □□년 종법사에 선출되어 제□□대 종법사에 취임하였다.

Ⅱ. 회상 창립의 표준제자

　소태산 대종사가 1916년 깨달음을 얻은 후 처음 표준제자로 삼은 9인 제자는 정산 송규 종사, 일산 이재철 종사, 이산 이순순 종사, 삼산 김기천 종사, 사산 오창건 종사, 오산 박세철 종사, 육산 박동국 종사, 칠산 유건 종사, 팔산 김광선 종사이다.

　소태산 대종사는 9인 제자와 더불어 첫 교화단인 수위단을 조직했으며, 저축조합운동을 시작하여 바다를 막는 간척사업인 방언공사를 완성하고, 하늘에 기도를 올려 원불교가 진리계의 인증을 받은 후 처음으로 법명과 법호를 내렸다. 소태산 대종사가 9인 제자와 함께 교단 창립의 역사를 이룬 것이 원불교 창립정신이 되었다.

9인 제자는 석가모니불의 10대 제자, 공자 문하의 10철, 예수그리스도의 12사도와 같이 교단 창립의 주축이 되었으며, 교단에서는 종사(宗師)의 법훈을 올려 성자로써 길이 존숭하고 있다.

※ 본장에서는 정산 송규 종사에 대하여는 '소태산 대종사와 후계 종법사' 편에서 소개 되었으므로 약한다.

1. 일산 이재철 종사

일산 이재철 종사(一山李載喆宗師, 이하 일산 종사라 칭함)는 1891년 전라남도 영광군 군서면 학정리에서 이관현 선생과 옥타원 김화옥 여사의 4남매 중 독자로 태어났다. 부친 이관현 선생은 함평·영광지역의 동학 접주로서 농민운동에 앞장선 인물이었다.

일산 종사는 소태산 대종사의 명을 받들고 영광 불갑사에 가서 『금강경』을 구해다가 드렸으며, 저축조합 초기의 경제관계 사무뿐만 아니라 간석지 방언공사와 구간도실 건축에 온갖 정성과 혈심을 기울이며 주로 외무일과 금전출납 관계 사무를 도맡아 처리하였다. 방언공사 당시 허가 분쟁이 일어나 큰 곤경에 처했을 때 군청에 출입하는 등 뛰어난 식견과 언변으로 동분서주하며 위기를 모면하게 하였으며, 익산총부 건설할 때도 외교로 경제적 토대를 세우는데 크게 기여하여 초기교단의 대외 간판역할을 하였다. 원기 4(1919)년에는 소태산 대종사의 지도를 받아 8인 단원들과 함께 창생을 구원하기 위하여 혈심으로 기도하였다.

일산 종사는 키가 크고 신상이 구족(具足, 빠짐없이 두루 갖춤)하며 위풍이 좋은 가운데 천성이 온순하여 누구를 대하나 항상 화기롭고 겸손하였다. 영광지방에서는 이러한 일산 종사에 대해 '영광의 인물'이라는 평을 하며 '봉사가 만져 봐도 양반'이라고 이구동성으로 칭송하였다. 후진들이 일산 종사를 대하면 어딘가 모르게 다정다감하여 친부모처럼 마음이 편안해졌다고 한다.

일산 종사는 언제나 소태산 대종사 앞에서는 손을 내려놓은 일이 없고 겸허한 태도로 공수(拱手, 두 손을 마주잡아 공경의 뜻을 나타냄)를 하며 물러날 때에도 그냥 뒤돌아서는 일이 없이 진퇴의 예를 갖추어서 행하였다.

일산 종사는 원기 2(1917)년에 심기(心氣)가 상통한 팔촌 동생인 도산 이동안을 소태산 대종사께 귀의시켰다. 바로 이것이 영광군 묘량면 신천리 함평 이씨 가문이 원불교에 귀의하고 가문에서 수십 명이 전무출신하여 교단창립과 발전에 공헌하게 된 계기가 되었다.

일산 종사는 원기 28(1943)년 11월, 53세로 영광 백수 자택에서 열반하였다.

| 새겨보는 문제 |
(개) 일산 종사는 □□가 능하여 초기교단의 대외 □□역할을 하였다.
(내) 일산 종사가 이□□을 귀의시켜 함평 이씨 가문에서 수십 명이 □□출신하는 계기가 되었다.

2. 이산 이순순 종사

이산 이순순 종사(二山李旬旬宗師, 이하 이산 종사라 칭함)는 1879년 전라남도 영광군 백수면 천정리에서 부친 이다익 선생과 모친 김 여사의 2남 중 장남으로 태어났다.

이산 종사는 소태산 대종사가 깨달음을 이루기 전부터 이미 교분이 있었다. 이웃 마을에 살며 소태산 대종사의 외숙인 칠산 유건과의 친분으로 소태산 대종사께 파시(波市, 바다 위에서 열리는 생선 시장)로 유명한 전라남도 신안군 탈이섬으로 장사하러 갈 것을 권하여 함께 떠났다. 소태산 대종사는 이산 종사의 도움으로 석 달 정도 장사를 해서 번 돈으로 부친이 남긴 부채를 청산하고 다시금 구도에 정진할 수 있었다.

 소태산 대종사가 입정 당시 비바람이 몰아치는 날, 노루목 초가집이 지붕나래가 걷어져 방에 비가 새어 온 몸이 흠뻑 적셔지는 사태가 발생하여도 아무 것도 모르고 입정에 들어 있을 때 이산 종사가 달려와 지붕나래를 고쳐 주었다. 이와 같이 교분을 갖고 내왕하다가 소태산 대종사가 깨달음을 얻자 같은 마을 삼산 김기천의 인도로 12살이나 연하인 소태산 대종사의 제자가 되었다.

 이산 종사는 저축조합의 자금조성에 심혈을 다하여 방언공사가 시작되었을 때 일호의 사심 없이 모든 난관을 감수하며 정성을 다 바쳤다. 또한 법인기도에 참여하여 사무여한의 서원으로 백지혈인을 나투었다. 그후 고향에서 재가교도로서 원불교의 발전에 협력하였다.

 이산 종사는 키가 크고 기상이 늠름하며 성격이 활발하고 천성이 호걸다워 호탕하게 놀기를 좋아하는 성격을 가진 일면 온순 다정다감하여 교단 창업기에 인화(人和)의 표본이었다.

소태산 대종사는 익산에 총부를 건설한 후 영산에 내려갔다가 이산 종사에게 '정정(定靜, 마음이 안정되고 고요한 것)을 얻는 외정정(外定靜)과 내정정(內定靜)의 두 가지 길과 관련해 재가공부(在家工夫)하는 법(『대종경』 수행품 19장)'을 지도하였다.

재가로서 영광 천정리에서 생활하면서 교단발전에 정성을 다하다가 원기 30(1945)년 11월, 67세로 자택에서 열반하였다.

| 새겨보는 문제 |

㈎ 이산 종사는 소태산 대종사를 □□로 유명한 신안군 □□섬으로 장사를 같이 다녀와 어려움을 면하도록 하였다.
㈏ 소태산 대종사께 '정정을 얻는 □□정과 □□정의 두 가지 길과 관련해 □□공부하는 법'을 지도받았다.

3. 삼산 김기천 종사

삼산 김기천 종사(三山金幾千宗師, 이하 삼산 종사라 칭함)는 1890년 전라남도 영광군 백수면 천정리에서 김다우 선생과 김대유 여사의 1남 2녀 중 둘째로 태어났다.

삼산 종사는 한문에 밝아 17세에 근동 아이들을 가르치는 서당 훈장을 하였다. 소태산 대종사와 이웃마을에 사는 관계로 소태산 대종사의 깨달음을 얻기 전부터 만나서 알만한 사이였으며, 팔산 김광선의 인도로 귀의하였다.

원기 9(1924)년 익산에 총부를 건설하면서부터 삼산 종사는 영광(영산)지부장으로 영산의 관리를 전담하였고, 원기 13(1928)년부터는 익산총부에서 근무하였다. 지혜가 출중하고 수양력이 풍부하며 계행이 청정하여 만인으로부터 존모를 받았고, 소태산 대종사로부터 '시비를 초월하고 희로애락에 끌리지 않는 부처'라는 칭찬을 받았다.

원기 13(1928)년 가을, 삼산 종사가 성리에 답하는 것을 들은 소태산 대종사는 흡족한 웃음을 머금고 회상이 생긴 이래 최초로 견성 인가를 내렸다(『대종경』 성리품 22장). 견성인가를 받은 이후 많은 후진들의 질의와 요청에 의해 초학자들에게 교리에 바탕을 둔 효과적인 한문공부를 위해 『철자집(綴字集)』을 저술하였고, 그 이후 교리 전반에 걸친 장시 '교리송'과 '사은 찬송가' '심월송' 등 많은 글을 발표하였다.

원기 17(1932)년에는 경상도 최초의 교당인 부산 하단교당이 창설되자 교무로 부임하였다. 초창이라 여러 가지 역경이 속출

하였으나 수양력으로 어려움을 공부의 기회로 삼아 나갔다. 처음에는 반대하던 사람들도 차차 이해가 생겨나고 정법으로 훈련받은 사람들이 늘어나 원기 19(1934)년에는 부산교당을 설립할 수 있게 되었다. 부산에서 교화에 전념하던 삼산 종사는 장티푸스에 감염되어 원기 20(1935)년 9월, 46세로 하단교당에서 열반하였다.

소태산 대종사는 삼산 종사의 열반소식을 접하고 "기천은 나를 만난 지 18년 동안 일호의 사심도 내지 않은 정진불퇴의 전무출신이요, 오직 희유(希有)의 공로자라, 가는 기천이도 섭섭하거니와 우리의 한 팔을 잃었다…."라며 말을 마치지 못하고 통곡하였다.

| 새겨보는 문제 |
(가) 소태산 대종사는 원기 13년 □□ 종사에게 회상 최초로 □□인가를 내렸다.
(나) 삼산 종사는 경상도 최초의 교당인 □□교당 교무로 부임하여 교화하던 중 □□하였다.

4. 사산 오창건 종사

 사산 오창건 종사(四山吳昌建宗師, 이하 사산 종사라 칭함)는 1887년 전라남도 영광군 백수면 학산리에서 오윤안 선생과 김중풍 여사의 3남매 중 장남으로 태어났다.

 사산 종사는 원기 2(1917)년 소태산 대종사가 최초 남자 정수위단을 조직할 때에 진방(震方)단원으로 임명되었으며, 공석 중이던 중앙단원의 대리임무도 맡아 절약절식, 금주단연, 주경야독으로 교단 초창의 기초사업에 혈심혈성을 기울였다.

 원기3(1918)년 방언공사가 시작되자 흙짐을 나르는 등의 고된 일을 하면서도 소태산 대종사가 "자 시작하자." 하면 맨 먼저 일어나 다시 일을 시작하였다. 원기 4(1924)년에는 8인 단원들과 함께 창생을 위한 정성스런 기도로 마침내 백지혈인의 법인성사를 나투었다.

 원기 4년 말, 소태산 대종사가 전라북도 부안 변산으로 입산할 때에 사산 종사가 모시고가 정산 종사와 함께 월명암 옆 쌍선봉(雙仙峰)에서 법인기도를 해제하였다. 소태산 대종사가 변산, 만덕산, 내장산 등을 다니는 때에는 항상 사산 종사가 멀고 험한 길을 막론하고 식량을 지고 다니며 시봉하였다.

사산 종사는 모습이 소태산 대종사와 비슷하여 뒤에서 얼핏 보면 소태산 대종사와 구별하기 어려울 정도로 닮아 '작은 대종사'라고도 불리기도 하였다.

사산 종사는 교단의 건축 공사에 적극적으로 참여하여 지방교당을 건축할 때도 감독을 많이 하였다. 특히 서울교당 건축 시에는 인부들과 같이 노동일을 하며 지게를 지고 서울역에 다녀왔으며(『대종경』 교단품 1장), 초량교당 건축 시에는 폭풍우 속에서 밤을 세워가며 교당을 지켰다. 공중사라면 자신의 신명을 아끼지 않았고 공금을 지극히 아끼었으며, 소태산 대종사의 경제적 보좌 역할을 한 혈심제자였다.

사산 종사는 한번 소태산 대종사께 바친 신심은 일호의 사심이 없었으며, 서있는 곳이 비록 진흙땅이라 하더라도 소태산 대종사를 뵈옵기만 하면 그 자리에서 오체투지로 엎드려 지극히 공손한 인사를 올렸다.

사산 종사는 공사를 위해 몸을 잊은 무서운 공심가요, 향내나는 전무출신으로 생활하다가 원기 38(1953)년 1월, 66세로 열반하였다.

| 새겨보는 문제 |

(가) 소태산 대종사가 변산, ⬜⬜산, 내장산 등을 다니는 때에는 사산 종사가 ⬜⬜에 짐을 지고 다니며 시봉하였다.
(나) 교중사 감독에 능하여 ⬜⬜교당, 초량교당 등 교당을 건축할 때는 주로 ⬜⬜하였다.

5. 오산 박세철 종사

오산 박세철 종사(五山朴世喆宗師, 이하 오산 종사라 칭함)는 1879년 전라남도 영광군 백수면 천정리에서 박다여 선생과 노 여사의 2남 중 차남으로 태어났다.

오산 종사는 칠산 유건의 인도로 집안 아저씨 되는 소태산 대종사를 찾아와 사제지의를 맺고 귀의하였다.

원기 3(1918)년 방언공사가 시작되자, 오산 종사는 매양 선두에서 심혈을 다해 일하면서도 공은 언제나 타인에게 양보하였기 때문에 그의 주위에는 늘 덕화의 기운이 감돌았고, 얼굴에는 기쁨의 미소가 항상 넘쳐흘렀다.

오산 종사는 법인기도 당시 백지혈인을 나툰 후 소태산 대종사가 "생명을 희생하지 않아도 된다."고 하자 따지듯이 "죽기로

했으면 죽어야지 왜 죽지 않습니까?"라고 말했다고 전한다.

법인성사 후 오산 종사는 소태산 대종사의 명에 의하여 옥녀봉 아래 구간도실의 수호책임을 맡아 정성을 다하다가 원기 10(1925)년에는 병으로 위험한 고비를 넘기고 치료가 되자 출가하기 좋은 시기라 생각하고 전무출신 하였다.

원기 11(1926)년 소태산 대종사 사가가 전라북도 임실에서 잠시 머문 적이 있었다. 이때 오산 종사는 팔산 김광선과 함께 가사 전반을 돌봐 주기도 하였으나 그해 다시 전일의 병이 재발하여 그곳에서 한 달 가까이 신음하다가 부득이 영산 자택으로 돌아와 9인 제자 중 가장 먼저 원기 11(1926)년 9월, 48세로 열반하였다.

오산 종사는 9인 제자 가운데 키가 제일 작았으며, 체질이 약하고 건강이 좋지 않아 큰 힘을 쓸 수는 없었다. 당시 한 외부 인사가 9인 제자 중 오산 대봉도가 인물이나 사회적 지위에 있어서 제일 뒤떨어졌다고 평하자 소태산 대종사는 "어느 국왕이나 유명한 재상과도 바꾸지 않으며 조선총독과도 바꾸지 않겠다."고 하였다.

소태산 대종사가 '우리 회상에 특색 있는 도인들을 말할 때 오산 종사의 겸양은 후대 수도인들의 모범이 될 만하다(『대종경선외록』 교화기연장 2절).'고 높이 평가하였다.

> | 새겨보는 문제 |
>
> ⑺ 소태산 대종사가 '오산 종사의 □□은 후대 수도인들의 □□이 될 만하다.'고 하였다.
> ⑻ 오산 종사를 "어느 국왕이나 유명한 □□과도 바꾸지 않으며 조선□□과도 바꾸지 않겠다."고 하였다.

6. 육산 박동국 종사

육산 박동국 종사(六山朴東局宗師, 이하 육산 종사라 칭함)는 1897년 전라남도 영광군 백수면 길룡리 영촌에서 회산 박회경 선생과 정타원 유정천 여사의 4남 2녀 중 사남으로 태어났다.

육산 종사는 소태산 대종사의 친아우로서 당숙(堂叔)에게 양자로 가서 가사에 조력하던 중 형인 소태산 대종사가 깨달음을 얻자 제자가 되어 저축조합운동, 방언공사, 법인기도 등에 동참하였다.

법인기도를 마친 후에도 육산 종사는 정신·육신·물질로 회상 창립에 노력하였고, 영광 연성리에 살며 재가교도로서 원불교의 발전에 협력하였다.

육산 종사는 비록 재가에 머물러 지냈지만 양자로 간 상황에서 소태산 대종사를 대신하여 모친 정타원 유정천을 직접 시봉했으며, 모친의 환후 중에는 형인 소태산 대종사를 대신하여 정성으로 간호하는 등 소태산 대종사가 안심하고 회상 창건에 전념할 수 있도록 하였다.

소태산 대종사가 변산 봉래정사에서 모친 환후의 소식을 듣고 급히 모친을 모시고 있는 연성리 육산 종사의 집으로 가서 시탕(侍湯, 약시중을 듦)하다가 아우인 육산 종사에게 "도덕을 밝힌다는 나로서 모친의 병환을 어찌 불고하리요마는, 나의 현재 사정이 시탕을 마음껏 하지 못하게 된 것은 너도 아는 바와 같이 나를 따라 배우기를 원하는 사람이 벌써 많은 수에 이르러 「중략」, 너는 나를 대신하여 모친 시탕을 정성껏 하라, 그러하면 나도 불효의 허물을 만일이라도 벗을 수 있을 것이요, 너도 이 사업에 큰 창립주가 될 것이다(『대종경』 인도품 49장).".고 한 후, 모친을 위로하였다. 얼마 후 모친이 열반하자 치상절차를 형인 소태산 대종사와 함께 마치었다.

육산 종사는 그후 영산 노루목으로 이사하여 가사에 종사하다가 한국전쟁 때인 원기 35(1950)년 10월, 54세로 영산에서 열반하였다.

　정산 종사는 한국전쟁으로 희생된 교도 합동위령재를 올리며 육산 종사의 해탈과 천도를 축원하였다.

> **│ 새겨보는 문제 │**
>
> (가) 육산 종사는 소태산 대종사의 친 □□로 9인 제자 가운데 한 사람인 박□□이다.
> (나) 육산 종사는 법인기도 후 □□로 간 상황에서 □□을 시봉하였다.

7. 칠산 유건 종사

　칠산 유건 종사(七山劉巾宗師, 이하 칠산 종사라 칭함)는 1880년 전라남도 영광군 백수면 길룡리에서 유호일 선생과 이 여사의 2남 2녀 중 차남으로 태어났다.

　칠산 종사는 어려서부터 천성이 강직하였으며 지혜와 용단력이 출중하였다. 한 때는 동학(東學)에 입문하여 득도묘술(得道妙術)을 발원하다가 32세 때에 그만두었다.

소태산 대종사가 깨달음을 이루자 칠산 종사는 소태산 대종사보다 11세나 연상이요, 외삼촌임에도 불구하고 소태산 대종사의 덕화에 감동하고 회상 창립취지에 찬동하였다. 그리하여 제자 될 것을 서원하고 생질(甥姪, 누이의 아들)되는 소태산 대종사께 귀의하여 사제지의를 맺었다. 처음에는 생질 되는 소태산 대종사를 '스승님'이라고 부르기가 어색하기도 하였지만 차차 신성이 깊어감에 따라 추호의 계교심 없이 독실한 신성으로 받들었다.

칠산 종사는 소태산 대종사 앞에 앉을 때에는 반드시 무릎을 꿇고 앉았으며, 꼭 '종사님'이라 불렀다. 혹 주위 사람들이 묻기를 "생질을 스승님으로 모시기가 어색하지 않느냐?"고 하면 "육신은 생질이지만 법은 지존(至尊)의 스승님이시다."고 하며 조그마한 일에도 제자의 도리에 어긋나는 일이 없었다.

칠산 종사는 키가 크고 기상이 당당하며 특히 기력이 장하여 방언공사 때에는 힘든 일을 도맡아 하였고, 법인기도 때에도 가장 멀고 험한 기도봉을 다녔다. 방언공사를 마친 후 준공기념비를 건립하려 했으나 돈이 없어 칠산 종사의 발의로 옥녀봉 자연석에 시멘트 판을 만들어 거기에다 소태산 대종사와 8인 단원의 이름과 공사의 시작과 마침을 새겼다.

칠산 종사는 영광 사가(소태산 대종사 탄생가)에 머물면서 재가교도로서 회상 발전에 조력하다가 원기 42(1957)년 78세 시에 익산총부 중앙수양원으로 와서 수양하였다. 원기 48(1963)년 2월, 83세로 9인 제자 가운데 마지막으로 열반하였다.

칠산 종사가 열반하자 대산 종사는 칠산 종사에 대하여 '9인 선진이었으나 후진에게도 법으로 대하며 조금도 9인 선진 가운데 한 분이라는 상(相)이 없었던 점' 등을 들어 위대한 심법의 소유자라고 하였다.

| 새겨보는 문제 |

(가) 칠산 종사는 소태산 대종사보다 □□세나 연상이요, 외숙임에도 소태산 대종사께 귀의하여 □□지의를 맺었다.
(나) 소태산 대종사 앞에 앉을 때에는 □□을 꿇고 앉았으며, 꼭 '□□님'이라 불렀다.

8. 팔산 김광선 종사

팔산 김광선 종사(八山金光旋宗師, 이하 팔산 종사라 칭함)는 1879년 전라남도 영광군 백수면 길룡리에서 김응오 선생과 강 여사의 3남매 중 차남으로 태어났다.

팔산 종사는 소태산 대종사가 사는 이웃 마을에 살면서 세상 모르고 고행을 하는 소태산 대종사를 물질적으로 보조하고 공부하는 비용을 후원하며 때로는 고창 연화봉 등을 함께 동반하며 수도하기도 하였다.

소태산 대종사가 깨달음을 얻자 12살 아래 소태산 대종사의 첫 제자가 되어 사제지의를 맺은 후 세상사를 청산하기 위하여 채무자에게 수금할 3천여 원의 채권증서를 모두 소각해 버린 후 빌려준 돈도 전부 탕감해 주었다.

소태산 대종사가 팔산 종사를 불러 문구(文句)와 시가(詩歌) 등을 불러주며 받아쓰도록 한 내용이 『법의대전(法義大全)』 『백일소(白日蕭)』 『심적편(心亦篇)』 등이 되었다. 그러나 이러한 책들은 후일 소태산 대종사의 뜻에 따라 소각하였다.

팔산 종사는 8인 단원 중 가정 형편도 제일 넉넉한 편이어서 방언공사 당시 정신·육신·물질 3방면으로 솔선수범하였다. 어느 때에는 제방에 뚫린 구멍으로 바닷물이 들어오는 것을 보고 그것을 막으려고 애를 태우다가 뜻대로 되지 않자 '인력으로 저 구멍을 막지 못한다면 내 육신으로 막겠노라.' 하고 뛰어들어 막았다.

원기 8(1923)년에 출가하여 원기 9(1924)년 이리 송학리 박원석의 집에서 사산 오창건·도산 이동안 등과 더불어 농사를 지었고, 익산총부 건설 당시 엿 만드는 일을 하였으며, 원기 17(1932)년에는 마령교당 교무로 부임하여 초창기의 어려운 교당이라 유지대책이 없었다. 교도들을 주경야독으로 교리훈련을 시키는 한편 전답개간, 수박재배, 과수원 경영 등을 하며 선진농법을 지역사회에 전하였다.

팔산 종사는 건강을 잃어 사가인 영산에서 치료하다가 원기 24(1939)년 2월, 영산교당에서 61세로 열반하였다. 팔산 종사가 열반하자 소태산 대종사는 눈물을 보이며 비통해 하는 가운데 영혼천도를 위하여 '생사거래와 업보멸도'란 법문(『대종경』 천도품 28장)을 설하였다.

원기 42(1957)년, 교단에서는 최초 법훈증여식에서 팔산 종사에게 대봉도 법훈을 증여하였다.

| 새겨보는 문제 |
(가) 팔산 종사는 소태산 대종사의 구도당시 □□적으로 보조하고 고창 □□봉 등에 동반하여 공부하였다.
(나) 소태산 대종사가 깨달음을 얻자 □□살 아래 소태산 대종사의 □ 제자가 되었다.

Ⅲ. 최초의 여자수위단원

　원불교 초기교단에서 소태산 대종사의 여성제자들 활약은 지대했다. 특히 교화사에 있어서는 여성제자들을 빼놓고 이야기할 수가 없을 정도다. 그러나 아쉽게도 아직 제대로 조명되지 못한 점이 있어 앞으로 많은 연구와 조명이 필요하다.

　소태산 대종사는 원기 15(1930)년 서울교당에서 임시 여자수위단을 조직하고 이듬해에 여자수위단을 조직하였다. 『불법연구회 통치조단규약』에서 '남자는 남자대로 여자는 여자대로 단을 조직하고'라 하여 남녀수위단 조직을 명시하였다. 그후 원기 28(1943)년 정식 여자수위단을 구성하며 단장에 소태산 대종사, 중앙에 구타원 이공주, 단원에 일타원 박사시화, 이타원 장적조, 삼타원 최도화, 사타원 이원화, 오타원 이청춘, 육타원 이동진화, 칠타원 정세월, 팔타원 황정신행을 내정하였다.

본장에서는 많은 여자 선진 중에서 첫 여자수원단원인 일타원 박사시화에서 구타원 이공주까지를 소개하고, 부(附)로 소태산 대종사의 정토(正土, 원불교 남자전무출신의 부인)인 십타원 양하운 종사를 소개한다.

1. 일타원 박사시화 대봉도

일타원 박사시화 대봉도(一陀圓朴四時華大奉道, 이하 일타원 대봉도라 칭함)는 1867년 전라북도 남원군 남원읍 동충리에서 박규록 선생과 이춘직 여사의 1남 2녀 중 쌍둥이 자매로 태어났다. 쌍둥이 동생은 미타원 박공명선이며, 오빠는 박해산으로 모두 서울교당 창립요인이다.

서울에서 생활하던 일타원 대봉도는 57세 되던 원기 8(1923)년 기차를 타고 구례 화엄사로 가던 중 전주에서 삼타원 최도화를 만나 소태산 대종사에 대한 소식을 듣고 꼭 한번 뵙기를 발원하였다.

원기 9(1924)년, 소태산 대종사가 삼타원 최도화의 안내로 당시 정산 종사, 추산 서중안, 혜산 전음광 등 3제자를 대동하고 상경하자 소태산 대종사를 뵙고 숙겁의 소원을 이룬 듯 기뻐하며 박공명선의 딸인 성성원의 계동 집으로 소태산 대종사를 안내하여 동생인 박공명선과 함께 귀의하고 전무출신을 서원하여 서울의 첫 제자와 첫 전무출신이 되었다.

소태산 대종사는 성성원의 집에서 3, 4일을 머문 후 경복궁 앞 당주동에 한옥 한 채를 얻어 '서울임시출장소'로 정하고 한 달 동안 머물자 일타원 대봉도가 극진히 시봉하며 육타원 이동진화를 인도하고 그해 말 구타원 이공주를 비롯하여, 여러 인연들을 인도하여 서울 교화의 효시를 이루었다.

일타원 대봉도는 항상 법열에 넘치는 생활을 하며 서울·광주·남원 등 발 닿지 않은 곳이 없을 정도로 두루 찾아다니며 교직 없는 전문순교로서 교화활동을 펼쳐 창립 제1대(36년) 내에 5백 75명을 입교시켜 최다 연원자가 되었다.

교단 창립기에는 남녀회원 가운데 특별한 신성과 공심을 가지고 공부와 사업의 활동을 하는 사람이 많았다. 전문순교로 교화활동에 전심전력하여 많은 사람들을 인도했던 일타원 박사시화, 이타원 장적조, 삼타원 최도화 세 사람에게 당시 대중들은 삼대 여걸이라 부르며 존경하였다.

일타원 대봉도는 원기 31(1946)년 11월, 염주를 들고 염불을 외우며 80세로 총부에서 열반하였다.

> | 새겨보는 문제 |
>
> (가) 일타원 대봉도는 소태산 대종사 첫 상경 때 □□함과 동시에 □□출신을 서원하여 서울교화의 효시를 이루었다.
> (나) 창립 제1대 내에 최다 □□자가 되었다.

2. 이타원 장적조 대봉도

이타원 장적조 대봉도(二陀圓張寂照大奉道, 이하 이타원 대봉도라 칭함)는 1878년 경상남도 통영에서 장문중 선생과 박거창 여사의 6남 5녀 중 차녀로 태어났다.

부유한 집안에서 태어난 이타원 대봉도는 16세 되던 해 부모의 뜻을 따라 결혼하여 아들 형제를 낳고 유족한 생활을 하였다. 그러나 남편과 이상이 맞지 않고 집안 살림에 묶여 지내는 것이 무엇보다 구차하고 답답한 인생이라 생각하며 남편과 자식들을 다 두고 보따리 하나를 들고 전라도로 발길을 옮겼다.

처음에는 행상을 하며 증산교를 신봉하였다. 어느 날 원평에서 완타원 이만갑을 만나 생불(生佛)님이 계신다는 소식을 듣고 원기 6(1921)년에 이만갑의 안내로 변산 실상초당을 찾아 소태산 대종사께 귀의하고 전무출신을 서원하였다.

소태산 대종사를 뵙고 확고한 신심이 난 이타원 대봉도는 원평으로 돌아와 원평에 교당 설립을 준비하며 변산으로 소태산 대종사를 뵙기 위해 먼 길을 걸어서 내왕하며 신성을 바쳤다(『대종경』 신성품 13장).

이타원 대봉도는 생불님을 만난 신바람으로 순교(巡敎)를 다녔다. 원평과 김제에서 한약방을 하는 춘산 서동풍, 추산 서중안 형제를 소태산 대종사께 인도하여 익산총부 건설의 주역이 되게 하였다.

익산총부 건설 후 이타원 대봉도는 원기 14(1929)년 봄, 부산으로 가서 순교활동을 적극적으로 펼쳐 40여 명을 입교시키고, 원기 16(1931)년 가을에는 소태산 대종사와 불법연구회 회장인 경산 조송광을 부산으로 초청하여 10여 일간 체류하는 동안 40여 명을 입교시켜 낙동강 하구 하단에 교당을 마련하는 등 오늘날 부산 교화의 기초를 이루었다.

이타원 대봉도는 원기 21(1936)년에는 함경도 청진, 원기 22(1937)년부터는 북만주로 진출하여 심양·길림·목단강·장춘·연변 등에서 총 2백18명을 입교시키고, 목단강에 교당 건물을 준비해 놓기도 했다. 그러나 제2차 세계대전 중 비상시국으로 인하여 중지하고 총부로 돌아왔다.

후원도 없이 교직 없는 전문순교로 부산교화와 북방교화의 시조를 이룬 이타원 대봉도는 원기 45(1960)년 12월, 총부 중앙수양원에서 82세로 열반하였다.

| 새겨보는 문제 |
(가) 이타원 대봉도는 서동풍, 서□□ 형제를 소태산 대종사께 인도하여 익산□□ 건설의 주역이 되게 하였다.
(나) 부산교화를 시작하여 □□교화의 시조와 북방교화를 시작하여 □□교화의 시조가 되었다.

3. 삼타원 최도화 대호법

삼타원 최도화 대호법(三陀圓崔道華大護法, 이하 삼타원 대호법이라 칭함)은 1883년 전라북도 진안군 성수면 상길리에서 최순화 선생과 진정만옥 여사의 일곱 자매 중 여섯 째 딸로 태어나 7세 때 부친을 잃고 편모슬하에서 자랐다.

  삼타원 대호법이 13세 되던 해에 결혼하여 아들 딸 남매를 두고 우울한 나날을 보내다가 28세시에는 그만 세상을 비관, 자살을 결심하고 동네 방죽에 투신자살을 기도하였다. 마침 그곳을 지나던 여승(女僧)이 목숨을 살려내 서울에서 여승의 상좌생활을 하고 계룡산 동학사에서 독공을 하였다. 그후 전주로 와서 비단장사를 하며 진안 만덕산 미륵사 화주(化主, 절에 물건을 바치는 사람) 노릇을 하였다.

  원기 6(1921)년 정산 종사가 소태산 대종사의 명을 받아 가던 중 진안 만덕산 미륵사에 이르러 그곳에서 겨울을 보내고 있을 때 정산 종사를 뵙고 생불(生佛)님으로 받들고 따랐다. 정산 종사가 변산으로 떠나고 없자 물어물어 변산 봉래정사까지 2백여 리 길을 찾아와 정산 종사의 연원으로 소태산 대종사의 제자가 되고 '도화(道華)'라는 법명을 받았다.
  소태산 대종사가 원기 7(1922)년 말부터 만덕산 만덕암에서 3개월여 적공과 원기 9(1924)년 한 달 동안 12제자와 선회(禪會)를 열었다. 이때에 소태산 대종사를 일천정성을 다해 시봉하며 진안지방의 많은 인재를 인도하였다. 그들이 성타원 전삼

삼, 혜산 전음광, 동타원 권동화, 공산 송혜환, 현타원 노덕송옥, 대산 김대거 등이다.

삼타원 대호법은 원기 8(1923)년 일타원 박사시화를 전주에서 만나 소태산 대종사의 소식을 전하고 이듬해 봄, 소태산 대종사의 첫 상경 길을 안내하였다. 이를 계기로 일타원 박사시화를 비롯한 서울 인연들이 차례로 귀의하여 그들이 서울 교화는 물론 교단 창업에 중추적인 역할을 담당하게 되었다.

전북지역과 서울지역 교화의 씨를 뿌리고 교단 제1대 안에 3백 명이 넘게 입교시킨 삼타원 대호법은 원기 39(1954)년 11월, 이리 자택에서 72세로 열반하였다.

| 새겨보는 문제 |

(가) 삼타원 최□□는 만덕산 □□사에서 정산 종사를 만난 후 소태산 대종사께 귀의하였다.
(나) 만덕암에서 □□제자와 1개월 □회를 열 때 시봉하고, 전□□·김□□ 등 많은 인연을 인도하였다.

4. 사타원 이원화 종사

사타원 이원화 종사(四陀圓李願華宗師, 이하 사타원 종사라 칭함)는 1884년 전라남도 나주 영산포에서 부친 이 선생과 김시심화 여사의 무남독녀로 태어났다. 4살 때 몹시 흉년이 들었던 어느 날 어떤 사람의 등에 업혀 영광까지 오게 되어 김진사 부부를 친부모로 알고 자랐다.

사타원 종사는 17세에 문씨가(文氏家)에 출가하여 안락한 생활을 하던 중 부군이 병사(病死)하여 김진사 집으로 돌아왔다. 다시 결혼하였으나 원만한 가정을 이루지 못하고 날품팔이와 행상을 하며 살다가 백수면 길룡리로 들어왔다.

당시 소태산 대종사는 20세 때 가장 큰 후원자인 아버님(회산 박회경)의 열반으로 구도와 가사를 돌봐야 하는 막중한 책임으로 암담한 시간을 보낼 때 친지와 주위 사람들의 주선으로 타지에서 온 사타원 종사와 만나게 되었다. 사타원 종사는 입정돈망(入定頓忘, 선정에 들어 모든 것을 놓아버림)에 들어있던 소태산 대종사를 뵙고 정성을 다해 귀영바위 집에서부터 소태산 대종사를 시봉하였다. 귀영바위 집에서는 밥장사를 하였고, 노루목으로 이사 와서는 남의 밭을 메주고 양식을 얻어 끼니를 연명하며 소태산 대종사를 시봉하였다. 그런가 하면 소태산 대종사를 위하여 노루목 샘터에 정화수를 올려놓고 치성을 올리기도 하였다.

소태산 대종사의 구도를 뒷바라지하다가 소태산 대종사가 깨달음을 얻자 여성계의 첫 제자이며 여자 전무출신 제1호가 되었다.

이때부터 방언공사와 구간도실 건축에 조력하였고, 원기 9(1924)년부터 영산교당에서 감원·순교 등을 맡아 원기 49(1964)년까지 무려 40여 년간 각지에서 찾아드는 인재들을 따뜻한 사랑으로 보살폈다. 교단 초창기 영산의 각박한 인심들이 사타원 종사의 훈훈한 덕화로 감화되어 영산의 어머니로 불리었다.

소태산 대종사는 사타원 종사에 대하여 "원화는 숙세의 선연(善緣)만 심중(深重)할 뿐 아니라 그 발원과 행실이 진급기에 있는 사람이다. 앞으로 이 회상의 발전에 따라 무량한 복록의 주인이 될 것이다(『대종경선외록』 사제제우장 16장)."고 칭찬하였다.

사타원 종사는 원기 49년 2월, 80세로 영산교당에서 열반하였다.

| 새겨보는 문제 |

(가) 소태산 대종사의 구도를 뒷바라지한 사타원 종사는 여성계의 □제자이며 여자 전무출신 제□호이다.
(나) 원기 9년부터 □□교당에서 감원·순교 등을 맡아 □□여 년간 살림을 알뜰히 보살폈다.

5. 오타원 이청춘 대봉도

오타원 이청춘 대봉도(五陀圓李靑春大奉道, 이하 오타원 대봉도라 칭함)는 1886년 전라북도 전주시 교동에서 이인경 선생과 김설상화 여사의 3녀 중 막내로 태어났다.

어린 나이에 부친을 여의고 가정환경이 순조롭지 못하여 파란만장한 생활을 하였다. 오타원 대봉도는 젊어서 기녀(妓女)의 길을 걸었으나 한번 그 길이 인생의 바른 길이 아닌 줄을 알고는 그 생활과의 인연을 즉시에 단절하여 버렸다.

오타원 대봉도는 삼타원 최도화의 인도로 원기 8(1923)년 소태산 대종사께 귀의하여 '청춘(靑春)'이라는 법명을 받았다. 소태산 대종사는 전주에서 오타원 대봉도와 박호장 등이 주선한 10여 칸의 집을 '전주임시출장소'로 정하고, 회상 공개에 관한 제반준비를 하였다. 그후 소태산 대종사가 원기 9(1924)년 전주에서 7인 제자로 발기인을 삼아 '불법연구회' 창립준비를 할 때 오타원 대봉도는 여성으로 유일하게 창립발기인에 참여하였다.

익산총부 건설 후 전무출신 공동생활은 시작하였으나 생활대책이 없었다. 그리하여 엿 제조업을 하여 행상을 하였으나 생활과 공부비용 마련에는 곤란하고 도리어 공부에 방해가 되므로 그만두고 15마지기의 소작농으로 전환하기에 이르렀다. 이러한 절박한 시기인 원기 10(1925)년에 오타원 대봉도가 자신의 전 재산이라 할 수 있는 70여 마지기의 논을 희사하자 소태산 대종사가 "덕을 쓸진대 천지 같이 상(相)없는 대덕을 써라(『대종경』실시품 26장)."는 법문으로 지도하였다.

원기 11(1926)년에는 익산총부 구내에 가옥을 건축하고 전주 가옥과 가산을 전부 매각한 뒤 모친과 총부로 이사하였다가 출가를 단행하였다.

원기 19(1934)년에 총부 순교로 1년간 근무한 후 이듬해에 고향인 전주지역의 교화를 위해 남은 사재 1천여 원을 희사하여 '전주교당'을 신설하여 교무로 부임하고 교화발전에 헌신하여 교화의 기초를 다졌다. 원기 33(1948)년에는 남선교당 교무로 1년간 재직하기도 하였다.

오타원 대봉도는 원기 40(1955)년 7월, 전주양로원에서 70세로 열반하였다.

| 새겨보는 문제 |

(가) 오타원 대봉도는 전주에서 □인 제자로 불법연구회 □□을 발기할 때 여성으로 유일하게 참여하였다.
(나) 익산총부 건설 후 전무출신의 생활이 어려울 때 □□여 마지기의 □을 희사하였다.

6. 육타원 이동진화 종사

육타원 이동진화 종사(六陀圓李東震華宗師, 이하 육타원 종사라 칭함)는 1893년 경상남도 함양군 마천면 삼정리에서 이화실 선생과 김 여사의 2남 3녀 중 3녀로 태어났다.

가난한 선비 집에서 태어난 육타원 종사는 5세에 부친을 여의고, 진주에 사는 오빠에게서 생활하다가 18세에 구 왕실 종친인 완순군의 차남 이규용의 소실이 되어 물질적으로 아쉬울 것 없이 유족하였으나 주위 환경이 뜻에 맞지 않아 고생하였다.

소태산 대종사가 원기 9(1024)년 처음 상경하여 '서울임시출장소'에 머물 때 육타원 종사가 찾아오자 그 인물이 비범함을 알고 "사람이 세상에 나서 할 일 가운데 큰일이 둘이 있으니 그 하나는 정법의 스승을 만나서 성불하는 일이요, 그 둘은 대도를 성취한 후에 중생을 건지는 일이다(『대종경』 인도품 6장)."라는 법문을 하였다. 이에 육타원 종사는 크게 깨친 바 있어 그 자리에서 일어나 절하고 귀의하였다.

육타원 종사는 집에 돌아와서도 소태산 대종사의 말씀이 뇌리를 떠나지 않아 궁가(宮家)의 인연을 헌신같이 버리고 일생을 수도에 전념할 것을 발원하고 전라도로 소태산 대종사를 찾아 나섰다.

육타원 종사는 묻고 물어 소태산 대종사가 10여 명 제자와 더불어 선회(禪會)를 열고 있는 진안 만덕산 만덕암을 찾아가서 선(禪)을 난 후 서울 집으로 돌아왔다. 이를 지켜 본 부군이 동대문 부근 창신동에 조용한 처소를 마련하여 수양처로 사용하도록 하였다.

육타원 종사는 창신동 자신의 수양처를 원기 11(1926)년 교단에 희사하여 '서울교당'이 창설되었다. 원기 18(1933)년 익산 총부로 와 출가한 후 서울교당 교무로 부임하여 4년간 봉직하였다.

1945년 광복이 된 뒤 다시 서울교당 교무로 '전재동포구호사업'을 후원하며, 일본인 사찰 용광사(龍光寺, 현 서울교당 자리)로 이사하여 서울 교화의 새로운 전기를 마련했다.

후진들의 어려움을 챙겨주고 풀어주는 교단의 자애로운 어머니였던 육타원 종사는 "진리는 무상하여 만물은 쉬지 않고 변화한다. 영원무궁한 일원의 진리를 잘 배우고 닦아서 고락을 초월하자!"는 법문을 전하고 원기 53(1968)년 1월, 75세로 총부에서 열반하였다.

| 새겨보는 문제 |

(가) 소태산 대종사가 육타원 종사에게 '정법의 □□을 만나서 □□하는 일과 □□을 건지는 일이 큰일'이라 하였다.
(나) 육타원 종사가 자신의 □□처를 교단에 희사하여 '□□교당'이 창설되었다.

7. 칠타원 정세월 정사

칠타원 정세월 정사(七陀圓鄭世月正師, 이하 칠타원 정사라 칭함)는 1896년 전라북도 김제군 만경면 인흥리에서 정문명 선생과 이명인화 여사의 10남매 중 5녀로 태어나 16세에 추산 서중안과 결혼하였다.

칠타원 정사의 가정은 부군인 추산 서중안이 김제에서 직원들만도 수십 명이 되는 큰 규모의 인화당약방을 경영하고 있어서 매우 부유하였다.

원기 8(1923)년 여름, 부군의 인도로 변산 봉래정사에서 소태산 대종사를 뵙고 귀의하였다. 칠타원 정사 부부가 소태산 대종사께 "이곳은 도로가 험난하고 장소가 협착하옵니다. 교통이 편리하고 장소가 광활한 곳을 택하여 도량을 정하시고 여러 사람의 전도를 널리 인도하심이 시대의 급무일까 하나이다(『대종경선외록』 사제지우장 18절)."고 간곡히 청하였다.

소태산 대종사는 그들의 간청에 하산(下山)을 허락하고 정식으로 회상을 열 준비를 시작하여 원기 9(1924)년 불법연구회 창립총회를 열고, 전라북도 익산군 북일면 신룡리(현 중앙총부)에 총부건설을 시작하였다. 총부건설은 칠타원 정사와 부군이 3천4백여 평의 기지대금과 건축비 일부를 희사한 것이 토대가 되었다.

원기 12(1927)년에는 부군과 더불어 가산을 정리하고 교단 창업에 전무하기 위하여 총부 구내로 이사하였다. 그러나 부군이 우연히 발병하여 치료에 힘썼으나, 원기 15(1930)년 49세로 열반하였다.

칠타원 정사는 원기 17(1932)년, 전무출신을 단행하여 총부 식당 주임으로 7년간 살림을 꾸리며 소태산 대종사의 수족 같은 역할을 하였다. 또한 후진들에게는 따뜻한 인정을 베풀며, 종기가 나서 고통 받는 후진의 종기마저도 입으로 빨아 치료하는 어머니의 역할을 하였다.

칠타원 정사는 원기 39년부터 중앙수양원에서 수양에 힘쓰다가 원기 62(1977)년 열반을 얼마 앞두고 "음력 구월 보름 경에 가야겠다."며 열반 날을 받아 두었다가 음력 9월 13일에 82세로 열반하였다.

| 새겨보는 문제 |

(가) 칠타원 정사와 부군이 변산 □□정사를 찾아 소태산 대종사께 □□을 간청하였다.
(나) □□건설은 칠타원 정사 부부가 □천4백여 평의 기지대금과 □□비 일부를 희사한 것이 토대가 되었다.

8. 팔타원 황정신행 종사

팔타원 황정신행 종사(八陀圓黃淨信行宗師, 이하 팔타원 종사라 칭함)는 1903년 황해도 연안에서 황원준 선생과 송귀중화 여사의 장녀로 태어나 독실한 기독교 가정에서 성장하였다.

연안보통학교를 졸업한 팔타원 종사는 이화학당 중등부를 졸업하고 경성여자고등보통학교를 다니던 중 부친의 열반으로 귀향하였다. 1921년에는 중국 길림성여자사범학교에서 공부하고 유치원 교사를 하다가 귀국하여 이화여전 보육과를 졸업하였다. 27세에 강익하와 결혼하여 서울 종각 부근에 포목점 순천상회를 차리고 동대문부인병원을 인수하여 운영하였다.

팔타원 종사는 원기 20(1935)년 여름 아들(경산 강필국)을 데리고 금강산 여행 중 당시 개성에 사는 월타원 이천륜을 만나 불법연구회를 소개받고 서울교당에 입교하였고, 이어 원기 23(1938)년, 소태산 대종사를 만나 정식으로 귀의하였다.
소태산 대종사가 서울교당 응산 이완철 교무에게 공부를 배우라고 말씀하자 매일 낙산을 넘어 아침 좌선시간에 『금강경』을 배웠다.
서울교당을 내왕하는 발길이 빈번해지고 인과보응과 불생불멸의 진리에 대한 확신과 소태산 대종사를 믿는 신심이 굳어져 익산총부와 서울교당의 유지발전은 물론 교단 창업기의 갖가지 경제난을 극복하는데 중추적인 역할을 하였다.

총부 안에 탁아소를 하게 되자 소태산 대종사의 명을 받아 탁아소장이 된 팔타원 종사는 원기 30(1945)년 광복이 되자 서울 남산에 위치한 일본인 사찰 약초관음사를 인수해 '보화원(普和園)'을 설립한 것이 원불교 고아원의 효시가 되었다.

한국전쟁으로 외아들 강필국을 잃은 슬픔을 딛고 이승만 대통령의 부탁을 받아 제주도에서 9백여 명의 전쟁고아를 약 7년 동안 돌보았다. 그 전쟁고아들의 기관이 현재 경기도 양주에 위치하고 있는 '한국보육원'으로 변화되었다.

팔타원 종사는 휘경여중·고등학교를 설립하여 여성교육에 심혈을 기울이는 한편, 사회복지법인 '창필재단'을 설립하여 '한국보육원'을 이에 귀속시켜 교단에 희사하고, 원기 89(2001)년 6월, 102세로 열반하였다.

| 새겨보는 문제 |

(가) 팔타원 종사는 교단 창업기의 □□난을 극복하는데 중추적인 □□을 하였다.
(나) 광복 후 '□□원'을 설립한 것이 원불교 □□원의 효시가 되었다.

9. 구타원 이공주 종사

구타원 이공주 종사(九陀圓李共珠宗師, 이하 구타원 종사라 칭함)는 1896년 서울 대묘동(현 종묘 인근)에서 이유태 선생과 낙타원 민자연화 여사의 3남 3녀 중 둘째딸로 태어났다.

구타원 종사는 동덕여학교와 경성여자고등보통학교를 졸업하고 전라북도 남원군 운봉의 박장성과 결혼하였으나 두 아들을 두고 결혼 8년 만에 부군이 세상을 떠나고 말았다.

원기 9(1924)년 소태산 대종사가 두 번째 상경하여 육타원 이동진화의 창신동 수양처에 머물 때 찾아가 귀의하였다. 소태산 대종사는 '공주(共珠)'라는 법명을 주며 "세계 인류가 함께 보는 보배로운 구슬이 되어 달라는 뜻이다."라고 하였다.

소태산 대종사를 만나 부군을 잃은 슬픔을 딛고 새로운 인생을 발원한 구타원 종사는 자신의 집 사랑채에 소태산 대종사를 모시고 제자들과 법문을 받들며 서울에 교당 설립을 염원하였다.

원기 10(1925)년 소태산 대종사로부터 "공주는 도덕박사가 되어 세계 전체의 여성, 나아가 세계 전체의 인류를 제도하라."는 법문을 받들었다. 원기 11(1926)년 서울교당이 설립되자 원기 15(1930)년부터 재가교도로서 서울교당 교무로 임무를 수행하던 중 돈암동에 6백여 평의 대지를 사재로 매입하여 교당 신축부지로 희사하였다.

소태산 대종사는 구타원 종사에게 "공주에게 나의 법을 가장 많이 설해 주었다. 공주는 나의 법낭(法囊, 법주머니)이다."라고 하였다. 원기 17(1932)년 출가한 구타원 종사는 소태산 대종사의 많은 법설을 수필하여 『회보(會報), 교단 정기간행물』에 발표하여 회원들의 수행 길잡이가 되도록 하는 한편, 뒷날 소태산 대종사의 언행록인 『대종경』 편찬의 바탕이 되었다.

구타원 종사는 아들인 묵산 박창기와 함께 물려받은 일천여 마지기의 재산 전부를 각종 초기교서 간행과 총부대각전 신축, 각종 성업봉찬사업, 서울수도원과 서울회관 건립, 영산성지개발사업, 인재양성, 해외 교화후원 등 각종 교단사업에 희사하였다.

구타원 종사는 원기 15년 소태산 대종사가 임시 여자수위단을 조직할 때 중앙위에 선임된 이후 여자수위단 중앙으로 소태산 대종사, 정산 종사, 대산 종사를 보필하다가 원기 76(1991)년 1월, 96세로 총부에서 열반하였다.

| 새겨보는 문제 |

(가) 소태산 대종사는 구타원 종사에게 "공주에게 나의 □을 가장 많이 설해 주었다. 공주는 나의 □□이다."라고 하였다.
(나) 구타원 종사는 많은 □□을 각종 초기□□ 간행과 각종 교단사업에 □□하였다.

부(附) 십타원 양하운 종사

십타원 양하운 종사(十陀圓梁夏雲宗師, 이하 십타원 종사라 칭함)는 1890년 전라남도 영광군 백수면 홍곡리에서 양하련 선생과 박현제화 여사의 4남매 중 차녀로 태어났다.

부모의 사랑을 받으며 장성한 십타원 종사는 16세에 한 살

아래인 소태산 대종사와 결혼하였다.

　십타원 종사는 소태산 대종사 구도생활을 위해 근실한 내조를 하던 중 21세 되던 해에 믿고 의지하던 시아버지가 세상을 떠나자 가사에 대한 책임이 더욱 무거웠다. 그러나 부군의 큰 뜻을 짐작하고 일호의 원망도 없이 가사를 꾸려갔다. 당시 소태산 대종사는 병고가 깊어지면서 차츰 거동마저 활발치 못한 가운데 입정에 들어 있었다. 그러한 소태산 대종사를 위해 후미진 개암골 기도터에 가서 3년간 기도를 올리기도 하였다.

　소태산 대종사는 20여 년의 모진 구도 끝에 1916년 깨달음을 이루었다. 그후 제자들과 저축조합을 설립하자 가산집물 일체를 정리한 4백여 원을 조합기금에 합하였다. 가산을 정리한 뒤 십타원 종사는 가족들과 함께 남의 집 곁방에서 지내다가 구간도실이 완공되자 바로 그곳으로 이사하여 감원으로 낮에는 방언 공사하는 사람들의 식사를 준비하고 자녀를 돌보며, 밤이면 소태산 대종사의 법설을 제자들과 같이 받들었다. 원기 9(1924)년에는 정식 임원으로 발령을 받아 영산교당 식당 일을 2년여 동안 하였다.

　십타원 종사는 원기 13(1928)년 익산총부 근동으로 이사하였으나 일정한 집이 없어 수차례 이사를 해야 하는 어려운 생활

속에 세탁 바느질이며 남의 집 품팔이로 생계를 이어가면서도 동지들과 더불어 입선(入禪)공부를 하였다.

재가교도 진정리화가 총부에 살다가 서울로 귀가하며 희사한 초가삼간 집에 입주하게 되면서부터 생활이 안정되어 갔다. 원기 28(1943)년 부군인 소태산 대종사가 열반하자 누구보나도 큰 충격 속에 자녀들을 돌보았다.

십타원 종사는 1녀 3남인 박길선, 박광전, 박광령, 박광진을 뒷바라지하며 지내다가 회갑을 넘기고부터는 본격적으로 수양 시간을 가졌다.

원기 58(1973)년 1월, 익산총부 사가에서 큰 소리로 "나무아미타불"이라는 마지막 말을 남긴 후 84세로 열반하였다.

| 새겨보는 문제 |

(가) 십타원 종사는 □□조합 기금을 조성할 때 가산집물 일체를 정리하여 □백여 원을 기금에 합하였다.
(나) 십타원 종사의 자녀는 □녀 3남으로 박길선, 박□□, 박광령, 박광진이다.

원불교 입문서

초판 인쇄 2016년 4월 5일
초판 발행 2016년 4월 10일

지은이 서문 성
펴낸이 주영삼
책임편집 천지은

펴낸곳 원불교출판사
출판신고일 1980년 4월 25일 (제1980-000001호)
주소 익산시 익산대로 501
전화 (063) 854-0784
팩스 (063) 852-0784
홈페이지 www.wonbook.co.kr

인쇄 원광사

값 13,000원
ISBN 978-89-8076-251-4(03200)

낙장 및 파본은 교환하여 드립니다.